* 초보자를 위한 기초 일본어 회화 !!

기초日本語 會話

編輯部 編

● 기초문법/단어풀이

太乙出版社

♣ ひらがな（히라가나）

あ 아	い 이	う 우	え 에	お 오
か 가	き 기	く 구	け 게	こ 고
さ 사	し 시	す 수	せ 세	そ 수
た 다	ち 찌	つ 쓰	て 데	と 도
な 나	に 니	ぬ 누	ね 네	の 노
は 하	ひ 히	ふ 후	へ 헤	ほ 호
ま 마	み 미	む 무	め 메	も 모
や 야	い 이	ゆ 유	え 에	よ 요
ら 라	り 리	る 루	れ 레	ろ 로
わ 와	ゐ 이	う 우	ゑ 에	を 오
				ん 응

♣ カタカナ（가다가나）

ア (아)	イ (이)	ウ (우)	エ (에)	オ (오)
カ (가)	キ (기)	ク (구)	ケ (게)	コ (고)
サ (사)	シ (시)	ス (수)	セ (세)	ソ (소)
タ (다)	チ (찌)	ツ (쓰)	テ (데)	ト (도)
ナ (나)	ニ (니)	ヌ (누)	ネ (네)	ノ (노)
ハ (하)	ヒ (히)	フ (후)	ヘ (헤)	ホ (호)
マ (마)	ミ (미)	ム (무)	メ (메)	モ (모)
ヤ (야)	イ (이)	ユ (유)	エ (에)	ヨ (요)
ラ (라)	リ (리)	ル (루)	レ (레)	ロ (로)
ワ (와)	ヰ (이)	ウ (우)	ヱ (에)	ヲ (오)
				ン (응)

기초 日本語會話

編輯部 編

太乙出版社

일어 회화 초보자를 위하여

흔히 많은 사람들이 '외국어' 하면 무조건 '배우기 어려운 것'으로만 단정지어 버린다. 바로 그 경솔한(?) 단정이 바로 외국어를 어려운 것으로 만드는 장본인이다.

우리는 우리 말에 대하여 지금까지 한 번도 어렵다는 생각을 가져본 적이 없었다. 글을 모르는 사람이라도 할 말은 다하고 산다. 그러나 외국어에는 모두들 '어렵다'고만 생각한 나머지 스스로 억눌려 주눅이 들고 만다.

물론 우리 말보다는 사용하는 횟수가 적기 때문에 당연히 '쉽지 않은' 언어임에는 틀림없을 것이다. 그렇다고 분명히 주눅이 들 정도로 '어려운' 언어(言語)만은 아니다. 특히 영어에 비해 일본어는 우리 말과 같은 우랄알타이어계에 속하는 표음문자이기 때문에 한결 쉽게 배울 수 있는 언어이다. 아직까지 '일본어'가 무엇인지 조차도 모르고 있는 완전 초보자라 할 지라도 한 번 해보겠다는 생각만

가지고 관심있게 훑어 본다면, 적어도 일주일 안에 'もしもし(모시모시), おはようございます. (오하요오고자이마스.)' 하면서 일본인과 재미있게 이야기를 나눌 수 있을 것이다.

불과 몇 개의 쉬운 단어, 그리고 한두 가지의 기초적인 문법만 알고 있으면 이것 저것 활용하여 재미있는 회화를 진행해 나갈 수 있는 언어가 일본어이다.

오늘날 일본의 세계 진출로 인하여 국제적인 언어로서까지 발돋음하고 있는 일본어는 명실공히 영어와 더불어 필수적인 외국어로 부상하고 있다. 이러한 시대적인 상황을 감안할 때, 일본어 회화를 익혀둔다는 것은 참으로 바람직한 일이 아닐 수 없다.

해외 여행 중에는 영어를 모르더라도 일본어만 잘하면 어느 나라에서든지 의사소통이 가능하다. 그것은 이제 일본어가 그만큼 세계 공통어로 발전하고 있다는 것을 나타내 보여주고 있는 증거라고 할 수 있다. 그러므로 일본어에 대해 관심을 갖는다는 것은 한 마디로 자기의 꿈을 세계의 무대로 넓혀가는 것과도 같다.

세계 어느 나라의 언어보다도 쉽게 배울 수 있는 일본어, 그러나 무관심은 당신에게 일본어를 어렵

게 만들 수도 있다. 이제부터 관심을 가지자. 지금 당장 이 책의 첫 페이지부터 하나 하나 훑어 나가자. 외국어가 무조건 어렵다고만 생각하고 있는 독자들을 위하여 이 책은 쉽게 배울 수 있는 방법을 제시하고 있다. 처음부터 끝까지 쉽게 시작하여 쉽게 회화를 익힐 수 있도록 기본적이고도 기초적인 단어와 문법적인 해설을 덧붙였다. 일본어의 '일' 자도 모르는 사람이라도 일단 이 책을 한 번 탐독하고 나면, 'あっ、にほんごはやさしいですね。(앗, 니혼고와 야사시이데스네)' 하고 감탄하여 마지 않을 것이다.

그럼 독자 여러분의 행운을 빈다.

편자 씀.

차 례 *

제3장/일본어 회화를 위한 기본 단어

제 1 장

일본어 회화를 위한

예비 상식

1. 일본어 오십음도(五十音圖)

☐일본 글을 가리켜 가나(かな)라고 하는데, 이에는 히라가나(ひらがな)와가다가나(カタカナ)의 두 가지 글자체(字體)가 있다. 주로 히라가나를 사용하며, 가다가나는 외래어나 특수한 고유명사 등을 표기할 때 사용한다.

☐일본 글자는 기본 음절 오십 가지를 가지고 있으며, 이를 '오십음도(五十音圖)'라 한다. 그런데 괄호 안의

아 あ ア	이 い イ	우 う ウ	에 え エ	오 お オ
가 か カ	기 き キ	구 く ク	게 け ケ	고 こ コ
사 さ サ	시 し シ	스 す ス	세 せ セ	소 そ ソ
다 た タ	지 ち チ	쓰 つ ツ	데 て テ	도 と ト
나 な ナ	니 に ニ	누 ぬ ヌ	네 ね ネ	노 の ノ
하 は ハ	히 ひ ヒ	후 ふ フ	헤 へ ヘ	호 ほ ホ
마 ま マ	미 み ミ	무 む ム	메 め メ	모 も モ
야 や ヤ	이 (い) イ	유 ゆ ユ	에 (え) エ	요 よ ヨ

글자는 중복되기
때문에 사실상
기본 글자는 44
개인 셈이다.

라	리	루	레	로
ら ラ	り リ	る ル	れ レ	ろ ロ
와	이	우	에	오
わ ワ	(ゐ) ヰ	(う) ウ	(ゑ) ヱ	を ヲ
응				
ん ン				

2. 탁음(濁音)과 반탁음(半濁音)

□탁음은 흐린
소리이며, 반탁
음은 우리 말의
'빠' 행의 발음과
같다. 탁음은 か,
さ, た, は의 4 행
밖에 없으며, 반
탁음은 は행 밖
에 없다. 탁음은
오른편 위에 점
두 개(˝)를 찍어
서 나타내며 반
탁음은 오른편

が ガ 가	ぎ ギ 기	ぐ グ 구	げ ゲ 게	ご ゴ 고
ざ ザ 사(자)	じ ジ 지	ず ズ 스(즈)	ぜ ゼ 제	ぞ ゾ 소(조) 조
だ ダ 다	ぢ ヂ 지	づ ヅ 즈	で デ 데	ど ド 도
ば バ 바	び ビ 비	ぶ ブ 부	べ ベ 베	ぼ ボ 보

위에 둥근점(ﾟ)
을 찍어서 나타
낸다.

빠 (파) ぱ パ	삐 (피) ぴ ピ	뿌 (푸) ぷ プ	뻬 (페) ぺ ペ	뽀 (포) ぽ ポ

3. 요음(拗音)

☐ 요음은 자음의 'い' 단에 반모음
'や, ゆ, よ'를 붙여서 두 자가 합
하여 한 소리를 나타내는 것을 말
한다. 이 경우 'や, ゆ, よ'는 작
은 글자체로 나타낸다.
　탁음과 반탁음 중에 ぎ, じ, び,
ぴ도 요음이 된다. 이 때의 발음
은 탁음과 반탁음의 발음과 같다.

갸 きゃ	규 きゅ	교 きょ
샤 しゃ	슈 しゅ	쇼 しょ
쟈 ちゃ	쥬 ちゅ	죠 ちょ
냐 にゃ	뉴 にゅ	뇨 にょ
햐 ひゃ	휴 ひゅ	효 ひょ
먀 みゃ	뮤 みゅ	묘 みょ
랴 りゃ	류 りゅ	료 りょ

4. 장음(長音)

☐ 일본어의 모음에는 짧은 모음을
길게 발음하는 긴 모음이 있다. 긴
모음은 あ, い, う, え, お로써 나타
낸다. 긴 모음은 다만 짧은 모음을
길게 발음하면 된다.

오까ー상
おかあさん→어머니

이모ー또
いもうと→누이동생

オーっきい
おおきい → (크다) 　　　いーい
いい → (좋다)

5. 촉음(促音)

□ 일본어에 있어서 촉음은 모음을 갑자기 멈출 때 생겨나는 소리를 말한다.

우리말의 ㄱ, ㅅ, ㄷ, ㅌ, ㅂ, ㅍ 받침에 해당하는 음(音)이다.

이 촉음의 표시는 'つ'의 작은 글자로 나타낸다.

각꼬우
かっこう → (학교) 　　　깄떼
きって → (우표)

6. ん의 발음

□ 일본어의 'ん'은 우리말의 ㄴ, ㅁ, ㅇ받침에 해당하는 음이다.

　i) ん음이 ㄴ이 되는 경우
　ん 다음에 ㄷ, ㅌ, ㅊ, ㄴ음이 붙을 때는 'ㄴ'과 같다.

혼다나
ほんだな → (책꽂이) 　　　덴또
テント → (천막)

뻰찌
ペンチ → (벤치) 　　　돈네루
トンネル → (터널)

　ii) ん음이 ㅁ이 되는 경우
　ん 다음에 ㅁ, ㅂ, ㅍ(ㅃ)이 계속될 때는 'ㅁ'과 같다.

젠마이
ぜんまい → (태엽) 　　　단뽀뽀
たんぽぽ → (민들레)

ⅲ) ん음이 ㅇ이 되는 경우
낱말의 끝이 '가'자 줄의 앞에 올 때는 'ㅇ'과 같다.

링고
りんご → (사과)

홍
ほん → (책)

7. 토씨 は, へ의 발음

ⅰ) 'は'는 보통 '와'로 발음한다.

와다구시와 각세이데스
わたくしは がくせいです。　　나는 학생입니다.

고레와 펜데스
これは ペンです。　　이것은 펜입니다.

ⅱ) 'へ'는 보통 '에'로 발음한다.

소우루에 이끼마스
ソウルへ いきます。　　서울에 갑니다.

각꼬ー에　이끼마스
かっこうへ いきます。　　학교에 갑니다.

8. 격조사(格助詞) を의 사용

□ 'を'는 주로 격조사로 쓰인다

홍　오　요미마스
ほんを よみます。　　책을 봅니다.

고항오　다베마스
ごはんを たべます。　　밥을 먹습니다.

9. 초보자가 꼭 외워 두어야 할 기본단어

(1) 수효에 관한 단어

이찌(히도쓰)
いち(ひとつ)→하나

니(후다쓰)
に(ふたつ)→둘

상(밋쓰)
さん(みっつ)→셋

시(욧쓰)
し(よっつ)→넷

고(이쓰쓰)
ご(いつつ)→다섯

로꾸(뭇쓰)
ろく(むっつ)→여섯

시찌(나나쓰)
しち(ななつ)→일곱

하찌(얏쓰)
はち(やっつ)→여덟

구(고고노쓰)
く(ここのつ)→아홉

쥬우(도오)
じゅう(とお)→열

쥬우이찌(히도쓰)
じゅういち→열 하나

쥬우니
じゅうに→열 둘

쥬우상
じゅうさん→열 셋

쥬우시
じゅうし→열 넷

쥬우고
じゅうこ→열 다섯

쥬우로꾸
じゅうろく→열 어섯

쥬우시찌
じゅうしち→열 일곱

쥬우하찌
じゅうはち→열 여덟

쥬우구(쥬우규우)
じゅうく(じゅうきゅう)→열 아홉

니쥬우
にじゅう→스물

산쥬우
さんじゅう→서른

시쥬우(욘쥬우)
しじゅう(よんじゅう)→마흔.

고쥬우
ごじゅう→쉬흔

로꾸쥬우
ろくじゅう→예순

나나쥬우
ななじゅう→일흔

하찌쥬우
はちじゅう→여든

규우쥬우
きゅうじゅう→아흔

햐꾸
ひゃく→백

셍
せん→천

망
まん→만

※ 주의할 점 : 일본어에서 차례를 나타낼 때는 だい
   (다이) 라는 말을 수효의 앞쪽에 붙인다.

다이이찌
だいいち→첫째

다이니
だいに→둘째

다이상
だいさん→세째

   영(零)의 발음은 れい (레이) 라고 읽는다.

(2) 요일(曜日)에 관한 단어

니찌요오비
にちようび→일요일

게쓰요오비
げつようび→월요일

가요오비
かようび→화요일

스이요오비
すいようび→수요일

모꾸요오비
もくようび→목요일

깅요오비
きんようび→금요일

도요오비
どようび→토요일

(3) 달(月)에 관한 단어

이찌가스
いちがつ→1월

니가쓰
にがつ→2월

상가쓰
さんがつ→3월

시가쓰
しがつ→4월

고가쓰
ごがつ→5월

롯꾸가쓰
ろくがつ→6월

시찌가쓰
しちがつ→7월

하찌가쓰
はちがつ…8월

く が つ → 9월
じゅう が つ → 10월
じゅう い ち が つ → 11월
じゅう に が つ → 12월

(4) 계절에 관한 단어

はる → 봄
なつ → 여름
あき → 가을
ふゆ → 겨울

(5) 방위에 관한 단어

ひがし → 동쪽
にし → 서쪽
みなみ → 남쪽
きた → 북쪽

(6) 시간에 관한 단어

じ → 시 (時)
いちじ → 한 시
ふん → 분 (分)　　또는
ぶん → 분 (分)
ごふん → 5분
いちじごふん → 1시 5분
じゅうにじ さんじゅっぷん → 12시 30분
　또는 '열두 시 반' 이라고도 한다.
じゅうにじ はん → 열두 시 반
にじ ごふん まえ → 2시 5분 전.

뵤오
びよう→초(秒)

잇뿡　　　산뵤오
いっぷん　さんびょう→1분 3초

(7) '때'에 관한 단어

아사　　　　　　　　　　히루
あさ→아침　　　　　　　ひる→낮

요루　　　　　　　　　　방
よる→밤　　　　　　　　ばん→밤, 저녁때

　　よる(밤)은 해가 진 후부터 다음날 해가 뜰 때까지를 말한다.

　　ばん은 해가 질 무렵의 저녁때를 말한다.

유우가다
ゆうがた→저녁때, 해질녘

고젠　　　　　　　　　　고고
ごぜん→오전　　　　　　ごご→오후

쇼오고　　　　　　　　　요나까
しょうご→정오　　　　　よなか→밤중

교오　　　　　　　　　　아시따
きょう→오늘　　　　　　あした→내일

기노오　　　　　　　　　게사
きのう→어제　　　　　　けさ→오늘아침

아시따노방
あしたのばん→내일 저녁

기노오노　요루　　　　　곤니찌
きのうのよる→어젯밤　　こんにち→오늘

사꾸지쓰　　　　　　　　고도시
さくじつ→어제　　　　　ことし→금년

사꾸넨　　　　　　　　　교넨
さくねん→작년　　　　　きょねん→지난해

고도시노　이찌가스
ことしの　いちがつ→금년 1월

고도시노　쇼오가쓰　가
ことしの　しようがつ→금년 정월

교넨노　하루
きょねんの　はる→지난해(작년) 봄

(8) 일기(날씨)에 관한 단어

하레
はれ→개이다, 맑다

구모리
くもり→흐리다

아메
あめ→비

유끼
ゆき→눈

가제
かぜ→바람

시모
しも→서리

고오리
こおり→얼음

가미나리
かみなり→천둥

이나비까리
いなびかり→번개

쓰유
つゆ→이슬

아라레
あられ→싸라기눈

가스미
かすみ→아지랑이, 안개

(9) 몸(身體)에 관한 단어

아다마
あたま→머리

가미
かみ→머리털

가오
かお→얼굴

메
め→눈

하나
はな→코

미미
みみ→귀

구찌
くち→입

구찌비루
くちびる→입술

하
は→이

구비
くび→목

28

あし→발

て→손

ゆび→손가락

おやゆび→엄지손가락

ひとさしゆび→검지 손가락

くすりゆび→무명지 (약손가락)

なかゆび→가운데 손가락

こゆび→새끼손가락

むね→가슴

かた→어깨

うて→팔

こし→허리

せ→등, 키

はら→배

(10) 가족(家族)에 관한 단어

おとおさん
ちち(父) }아버지 →

おかあさん
はは(母) }→어머니

おじいさん
そふ(祖父) }→할아버지

おばあさん
そぼ(祖母) }→할머니

おっと(夫)→남편

つま(妻)→아내

むすこ(子息)→아들

むすめ(女息)→딸

あに(兄)→형

おとうと(弟)→동생

あね(姉)→누이

いもうと(妹)→누이동생

おじ（さん）→아저씨
こども→어린아이
あかんぼう→갓난아이
きょうだい（兄弟）→형제
おんなのこ→여자 아이

おば（さん）→아주머니
いとこ→조카
りょうしん（兩親）→양친
しまい（姉妹）→자매
おとこのこ→남자 아이

주의 : 일본에서는 자기의 가족을 다른 사람(남)에게 말할 때에는 낮추어 말하며, 남의 가족은 높여서 경어로 말한다.

위에 예를 든 것들은 자기 가족을 말할 때 쓰는 말이며, 아래에 예를 든 것은 남의 가족을 말할 때 쓰는 말이므로 기억해 두기 바란다.

そふ —— おじいさん→할아버지
そば —— おばあさん→할머니
ちち —— おとうさん→아버지
はは —— おかあさん→어머니
あに —— おにいさん→형님
あね —— おねえさん→누님
おじ —— おじさん→아저씨

おば —— おばさん→아주머니
오바상

おとうと —— おとうとさん→아우님
오도오또상

いもうと —— いもうとさん→매씨
이모오또상

むすこ —— むすこさん→아드님
무스고상

むすこ —— おぼっちゃん→아드님
오봇쨩

つま —— おくさん→부인
옥상

むすめ —— おじょうさん→따님
오죠오상

⑾ 집(건물)에 관한 단어

몽
もん→문(門)

겡깐
げんかん→현관

도
と→문(戸)

마도
まど→창

쇼오지
しょうじ→미닫이

후스마
ふすま→장지

가이단
かいだん→계단

유까
ゆか→마루

엥가와
えんがわ→툇마루

가베
かべ→벽

야네
やね→지붕

덴죠오
てんじょう→천장

니와
にわ→뜰

이마
いま→안방

쇼꾸도오
しょくどう→식당

오오세쓰마
おうせつま→응접실

도꼬노마
とこのま→일본식 방에서 방바닥을 약간 높게 하고,
　　　　　앞쪽에 그림이나 족자를 걸어놓는 곳. 대개
　　　　　응접실이나 사랑방으로 쓴다.

후로바
ふろば→목욕탕

오시이레
おしいれ→다락

다이도꼬로
だいどころ→부엌

벤죠
べんじょ→변소

센멘죠
せんめんじょ→세면실

신시쓰
しんしつ→침실

헤야
へや→방

다다미
たたみ→일본식 돗자리

(12) 옷에 관한 단어

기모노
きもの→일본식 옷

하오리
はおり→겉옷

오비
おび→허리띠

다비
たび→일본 버선

게다
げた→나막신

하까마
はかま→치마

조오리
ぞうり→일본의 짚신

보오시
ぼうし→모자

요오후꾸
ようふく→양복

우와기
うわぎ→양복 저고리

시다기
したき→내의

구쓰
くつ→구두

구쓰시다
くつした→양말

데부꾸로
てぶくろ→장갑

※ 주의 : きもの, たび, ぞうり, はかま, はおり 등은
　　　　　일본의 고유한 옷이다.

⒀ 식사(食事)에 관한 단어

<table>
<tr><td>아사고항
あさごはん→아침밥</td><td>히루고항
ひるごはん→점심</td></tr>
<tr><td>유우고항
ゆうごはん→저녁밥</td><td>(오)시루
(お)しる→국</td></tr>
<tr><td>규유니꾸
ぎゅうにく→쇠고기</td><td>부다니꾸
ぶたにく→돼지고기</td></tr>
<tr><td>스끼야끼
すきやき→전골</td><td>스시
すし→초밥</td></tr>
<tr><td>낫또오
なっとう→청북 콩</td><td>사시미
さしみ→생선회</td></tr>
<tr><td>덴뿌라
てんぷら→튀김</td><td>돈부리
とんぶり→덮밥</td></tr>
<tr><td>소오니
ぞうに→떡국</td><td>젠사이
ぜんさい→단팥죽</td></tr>
<tr><td>(오)가유
(お)かゆ→죽</td><td>니꾸
にく→고기</td></tr>
<tr><td>다마고
たまご→계란</td><td>규우뉴우
ぎゅうにゅう→우유</td></tr>
<tr><td>야사이
やさい→채소</td><td>시오
しお→소금</td></tr>
<tr><td>사도오
さとう→설탕</td><td>쇼오유
しょうゆ→간장</td></tr>
<tr><td>미소
みそ→된장</td><td>(오) 쨔
(お)ちゃ→차</td></tr>
<tr><td>하시
はし→젓가락</td><td>사라
さら→접시</td></tr>
<tr><td>쨔왕
ちゃわん→찻잔, 공기</td><td>세끼항
せきはん→팥밥</td></tr>
</table>

⒁ 짐승에 관한 단어

이누
いぬ→개

네꼬
ねこ→고양이

우마
うま→말

오우시
おうし→황소

부다
ぶた→돼지

히쓰지
ひつじ→양

니와도리
にはとり→닭

멘도리
めんとり→암탉

도리
とり→새

고이누
こいぬ→강아지

네즈미
ねずみ→쥐

우시
うし→소

메우시
めうし→암소

우사기
うさぎ→토끼

도라
とら→호랑이

온도리
おんとり→수탉

히요꼬
ひよこ→병아리

가라스
からす→까치

(15) 나무·과일·채소 등에 관한 단어

기
き→나무

사꾸라
さくら→벚꽃(나무)

유리
ゆり→백합

하나
はな→꽃

가끼
かき→감

규우리
きゅうり→오이

마쓰
まつ(のき)→소나무

모미
もみ→전나무

바라
バラ→장미

링고
りんご→사과

나시
なし→배

부도오
ぶとう→포도

네기
ねぎ→파

다이꽁
だいこん→무우

닌징
にんじん→홍당무

하꾸사이
はくさい→배추

고보오
ごぼう→우엉

쟈가이모
じゃがいも→감자

사도이모
さといも→토란

사쓰마이모
さつまいも→고구마

⑯ 자연에 관한 단어

소라
そら→하늘

다이요오
たいよう→태양

오히사마
おひさま→해

쓰끼
つき→달

호시
ほし→별

구모
くも→구름

야마
やま→산

가와
かわ→내, 개울

이께
いけ→못

미스우미
みずうみ→호수

우미
うみ→바다

시마
しま→섬

지뀨우
ちきゅう→지구

하야시
はやし→수풀

⑰ 직장·직업에 관한 단어

고오무인
こうむいん→공무원

가이샤인
かいしゃいん→회사원

지쓰교오까
じつぎょうか→실업가

깅꼬오인
ぎんこういん→은행원

슈징
しゅじん→주인

쇼오교오
しょうぎょう→상업

샤쪼오
しゃちょう→사장

부쬬오
ぶちょう→부장

가쬬오
かちょう→과장

가까리쬬오
かかりちょう→계장

시뗀쬬오
してんちょう→지점장

히쇼
ひしょ→비서

슈닝
しゅにん→주임

쇼오닝
しょうにん→상인

뎅인
てんいん→점원

이샤
いしゅ→의사

강고후
かんごふ→간호부

죠슈
じょしゅ→조수

센세이
せんせい→선생님

교오쥬
きょうじゅ→교수

기시
ぎし→기사

게이깡
けいかん→경관

고오쬬오
こうちょう→교장

규우지
きゅうじ→사환

⒅ 빛깔(색깔)에 관한 단어

아오
あお→파랑

아까
あか→빨강

시로
しろ→흰

구로
くろ→검정

기
き→노랑

미도리
みどり→초록

무라사끼
むらさき→보라

꽁
こん→곤색

쨔이로
ちゃいろ→밤색

아이
あい→남색

하이
はい→재색

베니
べに→다홍

⑲ 교통에 관한 단어

덴샤
でんしゃ→전차

지도오샤
じどうしゃ→자동차

료갸꾸셍
りょきゃくせん→여객선

히고오기
ひこうき→비행기

지덴샤
じてんしゃ→자전거

지까데쓰
ちかてつ→지하철

후네
ふね→배(船)

기도오샤
きどうしゃ→기동차

빠스
バス→버스

유란셍
ゆうらんせん→유람선

기셍
きせん→기선

기샤
きしゃ→기차

에끼
えき→역

돗규우
とっきゅう→특급

⑳ 기타 중요 단어

도오리
とおり→거리

다데모노
たてもの→건물

뵤오인
びょういん→병원

게끼죠오
げきじょう→극장

고오엥
こうえん→공원

교오까이
きょうかい→교회

하꾸부스깐
はくぶつかん→박물관

미찌
みち→길

료깡
りょかん→여관

유우빙교꾸
ゆうびんきょく→우체국

고오바
こうば→공장

각꼬오
かっこう→학교

도쇼깡
としょかん→도서관

에끼
えき→정거장

기초 일본어 회화

1. あさのあいさつ

A：朴さん。おはようございます。

B：金さん。おはようございます。

A：いいてんきですね。

B：ほんとうにいいてんきですね。

A：最近いかがですか。

B：ええ, おかげさまで, 元気です。
金さんは。

A：ええ, おかげさまで, 私も元気
です。

1. 아침인사

A : 미스 박, 안녕하십니까?
B : 미스터 김, 안녕하세요?
A : 좋은 날씨군요.
B : 정말 좋은 날씨군요.
A : 요즘 어떻게 지내십니까?
B : 예, 덕분에. 미스터 김은요?
A : 아, 덕분에. 저도 잘 있읍니다.
　　(건강합니다.)

(주) ● あさ (朝)⇨아침. ● あいさつ⇨인사. ● お
はよう⇨아침에 만나는 사람에게 건네는 인
사말로 '안녕하십니까?'란 뜻이다. 영어의
'good morning'에 해당한다. 동년배이거나 손
아래 사람에게는 'おはよう'라고 하면 되지
만 손윗사람에게는 반드시 "ございます'를
붙여야 한다. 'おはよう'는 우리 말로 '안녕?'
과 같으므로 'おはようございます'라고 하여
'안녕하십니까?'와 같은 존대의 표현을 하
여야 한다. ● いい⇨좋다. 좋은. よい와 같
음. ● てんき⇨날씨, 기후. ● ほんとうに⇨
정말로. 참으로. ● ～さん⇨우리 말의 '～
님' '씨'에 해당한다. ● いかが⇨어떠하다.
● さいきん (最近)⇨요즈음, 근래, 최근.

2. ひるのあいさつ

A：こんにちは。

B：あっ，こんにちは。

A：どこかへおでかけですか。

B：ええ，ちょっと買物に行く
ところです。

A：しばらくおあいしませんでした
が，皆さんおかわりありませ
んか。

B：ええ，おかげさまでみんな
元気です。
では，さようなら。

2. 낮인사

A : 안녕하십니까?

B : 아, 안녕하세요?

A : 어디 가시는 길입니까?

B : 예, 잠깐 물건 좀 사러가는 길입니다.

A : 오랫동안 뵙지 못했읍니다만, 모두들
　　안녕하신지요?

B : 예, 덕택으로 모두들 잘 있읍니다.
　　그럼, 안녕히 가십시오.

㈜ ● こんにちは⇨낮 인사로, 영어의 'good af-
ternoon'에 해당한다. ● あつ⇨가벼운 탄성
의 소리이다. 우리말로는 '아 !'로 해석하는
것이 바람직하다. ● かいもの(買物)⇨ 물건
사기. 또는 산 물건을 뜻함. ● しばらく⇨잠
시, 잠간동안, 오랜만에. ● おあいしません
が⇨만나뵙지 못했읍니다만. ● みんな⇨다들,
모두들. ● さようなら⇨우리 말로는 '안녕
히'라는 뜻이며, 헤어질 때의 인사말이다.영
어의 'good bye'에 해당한다. ● ひる⇨낮.

3. よるのあいさつ

A：こんばんは。

B：まあ，金さん，こんばんは。

A：とても，むしあついですね。

B：ほんとうにたまりませんね。

A：おでかけですか。

B：ええ，ともだちに招待を
されたんですよ。

A：それは，よかったですね。
何かお祝いですか。

B：ええ，おたんじょう日の
パーティですの。

3. 저녁, 밤인사

A : 안녕하십니까?

B : 어머, 미스터 김, 안녕하세요?

A : 몹시 덥군요.

B : 정말 견디기 어려워요.

A : 어디 외출하십니까?

B : 네, 친구집에 초대 받았거든요.

A : 그거 좋은 일이군요. 무슨 축하인가요?

B : 네, 생일 파티예요.

주 ● よる⇨밤. ● こんばんは⇨저녁이나 밤의 인사말로, 영어의 'good evening'에 해당한다. ● とても⇨몹시, 매우. ● むしあつい⇨무덥다. 확확 찐다. 후덥지근하게 덥다. ● ともだち⇨친구, 벗. ● ええ⇨긍정적인 대답의 한 가지로 친근감있는 표현이다. 우리말의 '응'에 해당하며, 정중한 표현은 'はい'이다. ● いわい⇨축하하다. ● たんじょう⇨태어남. 탄생. ● パーティ⇨파티(party).

4.　はじめてあいさつ

A：こんにちは。

B：こんにちは。
しつれいですが，おなまえは
なんとおっしゃいますか。

A：朴ともうします。

**B：はじめまして。わたくしは
李です。どうぞよろしく。**

**A：はじめまして。こちらこそ，
どうぞよろしくおねがいします。**

B：さあ，どうぞおかけください。

A：ありがとうございます。

4. 처음 만났을 때의 인사

A : 안녕하십니까?

B : 안녕하십니까?
  실례입니다만, 성함이 어떻게 되십니까?

A : 박(朴)이라고 합니다.

B : 처음 뵙겠읍니다. 저는 이(李)라고 합
  니다. 잘 부탁합니다.

A : 처음 뵙겠읍니다. 저야말로 잘 부탁드
  립니다.

B : 자아, 어서 앉으십시오.

A : 감사합니다.

주 ● あう⇨만나다. ● たいわ(対話)⇨대화.
  ● しつれいですが⇨실례입니다만(상대방에
    관하여 묻고자 할 때 쓰는 말).
  ● なまえ→이름. ● おなまえ⇨성함.
  ● もうします→말합니다.「いいます」의 겸양
      의 말.
  ● はじめまして→처음 뵙겠읍니다.
  ● こちらこそ→저야말로.
  ● ねがい→바라는 일. 소원. 희망, 소망.

46

5. さわやかはあさ

A：気持ちのいい日ですね。

B：ええ，ほんとうに。
ところで，どちらへ。

A：ちょっとそこまでさんぽに
行くところなんですよ。

B：そうですか。あさのさんぽは
いいですね。

A：ええ，ところで金さんはどち
らへ。

B：私はそこまで，かいものに行く
ところです。

5. 상쾌한 아침

A : 기분 좋은 날이군요.
B : 예, 그렇군요.
　　그런데, 어디에 ?
A : 잠깐 저기까지 산책하러 가려는　참입
　　니다.
B : 그래요 ? 아침 산책은 좋지요.
A : 예, 그런데 미스터 김은 어디에 ?
B : 나는 저기까지 물건을 사러 갑니다.

㈜● さわやかな⇨상쾌한, 기분 좋은. 산뜻한.
● きも(気持)ち⇨기분. ● いいひ⇨좋은 날.
いい는 좋다, ひ(日)는 날. ● ほんとうに⇨
정말로, 참으로, 그렇군요. ● ところで⇨그
런데. ● どちら⇨어느 곳, 어느 방향, 어느
쪽, 어디. ● ちょっと⇨잠시, 잠간. ● そこ
⇨거기, 그곳, 그 장소. ● ～から～まて⇨～
부터 ～까지. ● まて⇨～까지. ● さんぽ⇨산
책, 산보. ● わたし⇨わたくし. 나. ● かい
ものに⇨물건 사러. ● いくところです⇨가는
길입니다. ● そこまて⇨거기까지. 그 곳까지.
● あさのさんぽ⇨아침 산책.

6. かるいあいさつの言葉

A：いいおてんきですね。

B：ほんとうに。もうあきですね。

A：今日はがっこうですか。

B：いいえ，がっこうじゃありま
せん。としょかんです。

A：なにのっていらっしゃいますか。

B：たいていバスです。

A：あすもてんきになるとおもい
ますか。

B：いいえ，あすはあめがふるそ
うですよ。

6. 가벼운 인사말

A : 좋은 날씨군요.

B : 그래요. 이제 가을인걸요.

A : 오늘은 학교에 가십니까?

B : 아니요, 학교에 가지 않습니다.
　　도서관에 갑니다.

A : 무엇을 타고 가십니까?

B : 보통 버스를 타고 갑니다.

A : 내일도 좋은 날씨가 될 것 같습니까?

B : 아니요, 내일은 비가 온다고 하는군요.

주 ● かるい⇨가벼운, 부담없는. ● あいさつ⇨인사. ● ことば(言葉)⇨말, 단어, 낱말. ● いい⇨좋다. ● おてんき⇨날씨. 이 경우에는 주로 ‘좋은 날씨’의 뜻이다. ● ほんとうに⇨참으로, 진실로, 정말로. ● もう⇨어느덧, 이제, 또, 벌써. ● あき⇨가을. ● きょう(今日)⇨오늘. 금일. ● がっこう⇨학교. ● いいえ⇨아니오. 부정을 뜻함. ● ～じゃ ありません⇨～이 아닙니다. ● としょかん⇨도서관. ● なに⇨무엇. ● なにに⇨무엇을. ● たいてい⇨대개. ● いらっしゃいます⇨가십니다. 오십니다. 계십니다. ● バス⇨버스(bus).

7．ほうもん（げんかんで）

A：ごめんください。

B：はい。

A：さきほどおでんわさしあげました朴というものですが，
尹さんいらっしゃいますか。

B：はい，ちょっとおまちくださいませ。

A：はい。

B：どうもおまたせしました。
どうぞおあがりください。

A：では，しつれいいたします。

7. 방문 (현관에서)

A : 실례합니다.

B : 예.

A : 조금전에 전화를 드린 박(朴)이라는
    사람입니다만, 윤(尹)선생 댁에 계시
    는지요?

B : 예, 잠시만 기다려 주십시오.

A : 예.

B : 기다리시게 해서 죄송합니다.
    어서 올라 오십시오.

A : 그럼, 좀 실례하겠읍니다.

주 ● いえ(家)⇨집, 가정, 단순한 건축물로서의
    '집'을 의미할 때는 'うち'로 발음한다.
  ● ごめんください→실례합니다.
  ● さきほど→아까, 조금전에.
  ● さしあげる→드리다.
  ● もの→물건이나 사람을 낮추어서 하는 말.
  ● ください→～해 주십시오.
  ● でんわ→전화.
  ● いう→～를 ～라고(하다).
  ● しつれい→실례.
  ● ほうもん(訪問)⇨방문

8．ともだちのいえのほうもん

Ａ：もしもし，ムンジャさん，
　　いらっしゃいますか。

Ｂ：ムンジャはいまいませんが。
　　どなた様でしょうか。

Ａ：わたし朴ともうします。

Ｂ：ああ，ムンジャのおともだちで
　　すね。たしか，こうこうじだいの。

Ａ：ええ，そうです。

Ｂ：朴さん，ムンジャのははです。

Ａ：ああ，おかあさんですか。
　　ごぶさたいたしております。

8. 친구집의 방문

A : 여보세요. 문자씨 계시나요?

B : 문자는 지금 없읍니다만 누구십니까?

A : 저 박 양인데요.

B : 아아, 문자의 친구로군요.
    분명히 고교 시절의?

A : 예, 그렇습니다.

B : 박양, 나는 문자의 엄마예요.

A : 어머, 어머님이세요?
    오래간만입니다.

주● もしもし⇨여보세요. 영어의 Hello에 해당
    한다.
● どなたでしょうか→누구십니까?
● ともだち→친구, 벗.
● たしか→분명히, 틀림없이.
● こうこうじだい→고교 시절.
● はは→어머니.
● おかあさん→어머님.
● ごぶさた→한 동안 소식을 전하지 못함.무
    소식.
● 〜の⇨〜의. 소유격 조사.

9． わかれるとき

Ａ：ようこそいらっしゃいました。
今日はがっこうはおやすみ
ですか。

Ｂ：はい，ごごは何もありませんの
で…，でも，おじゃまではござい
ませんか。

Ａ：いいえ，とんでもありません，
ちょうどひまでたいくつしてい
たところです。

Ｂ：それじゃ，そろそろおいとまし
ます。

9. 헤어질 때

A : 참 잘 오셨읍니다.
　　오늘은 학교 강의가 없읍니까?
B : 예, 오후 시간은 비어있기 때문에…
　　그런데, 폐가 되지 않겠읍니까?
A : 아니요, 마침 시간이 비어서
　　지루하던 참입니다.
B : 그러면 이만 물러가겠읍니다.

주 ● わかれるとき⇨헤어질 때. ● わかれる⇨
헤어지다.
● きょう(今日)→오늘, 금일.
● ようこそ→정말, 잘.
● がっこう(学校)→학교.
● やすみ→쉼, 휴식, 휴가.
● ございます→「あります」의 정중한 말.
● ひま→한가, 틈, 시간, 짬.
● すこし→약간, 조금.
● じゃま→방해.
● おそくまで→늦게 까지.
● そろそろ→슬슬(동작을 조용하게 천천히
하는 모양)
● ゆっくり→천천히.

10. わかれるときのあいさつ

A： いろいろおせわになりました。

B： いいえ、こちらこそ。またおめ
にかかれるかもしれませんね。

A： こんどぜひ釜山にもいらっしゃっ
てください。おまちしでおります。

B： ぜひ、じゃ、もうそろそろおはい
りにならないといけませんね。

A： ええ、ではおげんきで。
さようなら。

B： じゃ、お気をつけて。
さようなら。

10. 헤어질 때의 인사

A : 여러 가지로 폐가 많았읍니다.

B : 아닙니다. 제가 오히려.
　　다시 뵙게 될지도 모르겠읍니다.

A : 이 다음 부산에도 꼭 와 주십시오.
　　기다리고 있겠읍니다.

B : 자, 그럼 천천히 들어가 보셔야죠.

A : 예, 아무쪼록, 몸 건강하시고
　　안녕히 계십시오.

B : 그럼, 조심해서 안녕히 가십시오.

주● あいさつのことば⇨인사말.
● いろいろ→여러 가지.
● おせわになりました→신세 많이 졌읍니다.
　폐를 끼쳤읍니다.
● おめにかかれるかも→만나 뵙게 될지도.
● おめにかかる→만나 뵙다.
● こんど→이다음.
● ぜひ→반드시, 꼭, 제발, 부디.
● げんき→건강한 모양.
● おきをつけて⇨조심해서.

11. 人を紹介するとき

A：ご紹介いたします。

こちらは景子さんです。

こちらは金さんです。

B：はじめまして。どうぞよろしく。

C：はじめまして。金と申します

こちらこそ，どうぞよろしく

お願いします。

B：金さんですか。

お名前はよく存じあげて

おります。

11. 남을 소개할 때

A : 소개하겠읍니다.
　　이 분은 경자씨입니다.
　　이 분은 김 선생입니다.
B : 처음 뵙겠읍니다. 잘 부탁합니다.
C : 처음 뵙겠읍니다. 미스터 김이라고 합
　　니다. 제가 오히려 잘 부탁합니다.
B : 김 선생님이십니까?
　　성함은 잘 알고 있읍니다.

주 ● ひと⇨사람, 다른 사람. 남. ● しょうかい
(紹介)⇨소개. ● しょうかいする⇨소개하다.
● はじめ⇨처음. ● はじめまして⇨처음 뵙
겠읍니다. ● こちら⇨이쪽, 이 분. ● どうぞ
⇨부디, 제발, 아무쪼록. ● もう(申)します
⇨말합니다. ● どうぞよろしく⇨ 부탁합니
다. ● なまえ⇨이름. ● こちらこそ⇨이 쪽
이 오히려, 제가 오히려. ● よく⇨충분히,
잘. ● ～から⇨～부터, ～로 부터. ● ～は⇨
～는, ～은. ● お～⇨체언이나 용언의 앞에
붙어서 존경이나 친절의 뜻을 나타냄. ● ぞん
(存)じあげております⇨알고 있읍니다.

12. ひどりにかんする対話

A: きょうはなんにちですか。

B: さんがつみっかです。

A: あなたのたんじょうびは
いつですか。

B: はちがつじゅうごにちです。

12. 날짜에 대한 대화

A : 오늘은 몇 일입니까?
B : 3월 3일입니다.
A : 당신 생일은 언제입니까?
B : 8월 15일입니다.

주 ● ひどり (日取)⇨날짜. 일정 (日程). ● たい (対)する⇨대하다, 대한. ● きょう⇨오늘. 금일. ● なんにち⇨며칠. ● さんがつ⇨3월 ● みっか⇨3일. ● きみ⇨자네, 너, 군. ● たんじょうび⇨생일. ● はちがつ⇨8월. じゅうごにち⇨15일. ● いちがつ⇨1월. にがつ⇨2월. ● しがつ⇨4월. ● ごがつ⇨ 5월. ● ろくがつ⇨6월. ● しちがつ⇨7월 ● くがつ⇨9월. ● じゅうがつ⇨10월. ● じ ゅういちがつ⇨11월. ● じゅうにがつ⇨12월 ● いち⇨일. ● に⇨이. ● さん⇨삼. ● し⇨ 사. よ또는 よん이라고도 한다. ● ご⇨오. ● ろく⇨육. ● しち⇨칠. なな라고도 한다. ● はち⇨팔. ● く⇨구. きゅう라고도 한다. ● じゅう⇨십.

13. としにかんするもんどう

A : きみはなんさいかい。

B : じゅうななさいです。

A : きみはいくつかい。

C : ぼくもじゅうななさいです。

A : じゃ，きみのおとうとは
なんさいかい。

B : ごがつでじゅうさんさいに
なります。

13. 나이에 대한 문답

A : 자네는 몇 살인가?
B : 열 일곱 살입니다.
A : 자네는 몇 살인가?
C : 저도 열 일곱 살입니다.
A : 그러면, 자네 동생은 몇 살인가?
B : 5월이 되면 열 세 살입니다.

주 ● とし(年)⇨나이. 해.
　● きみ⇨자네, 너, 군.
　● なんさい→몇 살.
　● じゅうしちさい→열 일곱 살.
　● ぼく→나, 자기 사신을 낮추어 부르는 말.
　● おとうと→동생.
　● ごがつ→5월.
　● じゅうさんさい→열 세 살.
　● なります→됩니다.
　● 問答(もんどう)⇨문답. ● 禅問答(ぜんもん
　　どう)⇨선문답.

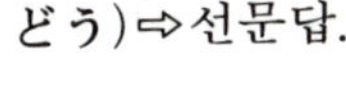

14. 家族(きょうだい)

A : ごきょうだいはなんにんですか。

B : さんにんです。

A : おんなのきょうだいはなんにん
　　ですか。

B : みんなおとこのきょうだいです。
　　じょせいはひとりもいません。

A : うちは女性ばかりさんにんです。

B : 男性はひとりもいませんか。

A : ええ, ひとりもいません。

14. 가족(형제)

A : 형제는 몇 분이십니까?
B : 3명입니다.
A : 여자 형제는 몇 분이십니까?
B : 모두 남자 형제입니다.
　　여자 형제는 한 사람도 없읍니다.
A : 우리 집은 여자만 셋입니다.
B : 남자는 한 사람도 없읍니까?
A : 예, 한 사람도 없읍니다.

주 ● 家族⇨가족.
　● きょうだい→형제.
　● なんにん→몇 사람, 몇 분, 몇 명.
　● さんにん→3명, 세사람.
　● おんな→여자.
　● みんな→모두, 전부
　● じょせい→여성.
　● ひとり→하나. 「ひとりもいません」：한사
　　람도 없읍니다.
　● うち→우리 집, 우리 가정.
　● ばかり→～만. 체언, 용언 등에 붙어서 한
　　정의 뜻을 나타내는 말.

15.　じかん

A：いまなんじでしょうか。

B：わたくしのとけいでは３じ
45ふんですが，少し遅れている
とおもいます。

A：そうですか。それじゃ３じは
過ぎていますね。

B：ええ，それは確かです。

A：いつもは，テレビであわせるん
ですけどきょうはねじをまくの
をわすれたんですよ。

15. 시간

A : 지금 몇 시 입니까?

B : 제 시계로는 3시 45분인데 좀 늦은것
　　으로 생각됩니다.

A : 그래요? 그러면 3시는 지났군요.

B : 예, 그건 확실하죠.

A : 항상 텔레비젼에 맞추었는데　오늘은
　　밥주는 것을 잊었군요.

주 ● いま ⇨ 지금. 이제.
　● じかん → 시간.
　● とけい → 시계. ● じ (時) → 시긴, じかん을
　　줄인 말이다.
　● ふん (分) → 1시간의 60분의 1.
　● おもいます → 생각합니다.
　● たしか (確か) → 확고하여 움직이지 않음.
　　틀림없고 명백한 모양.
　● テレビ → 텔레비젼 (television).
　● あわせる → 맞도록 하다, 맞추다, 대조하다.
　● ねじ → 시계의 태엽을 감다.
　● わすれました → 깜빡 잊었읍니다.
　● まく → (줄을) 감다. ● ～の ⇨ ～것.
　● わすれたんですよ ⇨ 잊었군요.

16. 距離（うちからがっこうまで）

A：ここからあなたのうちまでは
どのくらいありますか。

B：ここからさんびゃくメートル
ほどあります。

A：ここからあなたのだいがくまで
どのくらいありますか。

B：はちキロくらいできしゃで
じゅうごふんです。

A：あなたはどちらのしゅっしん
ですか。

B：釜山です。

16. 거리(집에서 학교까지)

A : 여기서 당신 집까지는 얼마나 됩니까?

B : 여기서 약 3백미터 됩니다.

A : 여기서 당신의 대학까지는 얼마나
　　 됩니까?

B : 8킬로 미터 정도인데 기차로 15분 걸
　　 립니다.

A : 당신은 어느 지방 출신입니까?

B : 부산 출신입니다.

[주] ● きょり (距離) ⇨ 거리
　● ここから → 여기서부터.
　● うち → 집.　● ～まて ⇨ ～까지.
　● とおい → 멀다, 거리가 길다.
　● じゅうごふん → 15분.
　● メートル → 미터 (meter).
　● さんびゃく → 300.
　● だいがく → 대학.
　● キロ → 킬로 미터 (kilometer).
　● がっこう → 학교.
　● ちほう → 지방.
　● しゅっしん → 출신.

17.　タクシーをのるとき

A：タクシー。

B：どちらまでですか。

A：ソウル病院ですが。

B：どうぞ。

A：すこしいそいでいただけますが。

B：はい，かしこまりました。

　　げんかんまで行きましようか。

A：いいえ,ここでおろしてください。

B：はい。

A：どうも，ありがとう。

17. 택시를 탈 때

A : 택시 !

B : 어디 가시죠 ?

A : 서울 병원인데요.

B : 어서 타십시오.

A : 좀 바쁜 길인데요.

B : 예, 알겠읍니다.

　　현관까지 모실까요 ?

A : 아니예요. 여기서 내려 주세요.

B : 네.

A : 매우 고마와요.

주 ● のる (乗る) ⇨ 타다.
　● タクシー → 택시 (taxi).
　● どちら → 어느 쪽.
　● びょういん (病院) → 병원.
　● いそぐ → 급하다.
　● げんかん → 현관.
　● げんかんまで ⇨ 현관까지.
　● ください ⇨ 주세요.
　● おろして ⇨ 내려.
　● どうも ⇨ 무척, 매우, 대단히.

18. みちをたすねるとき

Ａ：あの，ちょっと，すみませんが。

Ｂ：はい，なんでしょうか。

Ａ：ちょっとみちにまよってしまい
 まして。

Ｂ：そうですか。それで，どちらへ
いかれるんですか。

Ａ：ソウルのえきのほうへいきた
いんですが。

Ｂ：ソウルのえきですか。

Ａ：はい。

Ｂ：ソウルのえきはここですよ。

18. 길을 물을 때

A : 저, 잠깐 실례하겠읍니다만.

B : 예, 무엇인가요?

A : 길을 좀 잃어버렸거든요.

B : 그래요?

그런데 어디로 가시는데요?

A : 서울역 쪽으로 가려고 하는데요.

B : 서울역입니까?

A : 예.

B : 서울역은 여긴데요.

주● とう⇨묻다.

● ちょっと→잠깐.

● なんでしょうか→무엇입니까?

● みち→길.

● まよう→길을 잃고 헤매다.

● そうですか→그렇습니까?

● ほう→～쪽.

● いきたい→가려고.

● ありがとうございます⇨감사합니다.

19. ひとにものをかすとき

A：カメラをかしていただけませんか。

B：はい，どうぞ。

A：ありがとう。

B：どういたしまして。

A：カメラをお貸しくださってほん
とうにありがとうございました。

B：いいえ，どういたしまして。

A：うまくうつっていればいいので
すが。

B：きっとうまくうつっていますよ。

A：そうだっといいんですが。

19. 남에게 물건을 빌릴 때

A : 카메라 좀 빌려주지 않겠읍니까?
B : 그러세요. 여기 있읍니다.
A : 감사합니다.
B : 뭘요.
A : 카메라를 빌려주셔서 매우 고마웠읍
    니다.
B : 아니, 천만의 말씀을.
A : 잘 찍혔으면 다행이겠는데요.
B : 잘 찍혔겠지요.
A : 그랬으면 좋겠읍니다만.

주 ● 物を⇨물건을. ● かす⇨빌리다.
  ● カメラ⇨카메라(Camera).
  ● ありがとう⇨감사합니다.
  ● どういたしまして⇨뭘요. 괜찮습니다. 천
    만에.
  ● そうだっといいんですが⇨그랬으면.

20. バスをのるとき

A：このバスはソウルゆきですか。

B：いいえ，ちがいます。

このあとのバスがソウルへま
いります。

A：これは　ソウルへいきますか。

C：はい，まいります。どうぞ。

りょうきんをおはらいください。

きっぷをおきらせねがいます。

A：ソウルえきまでいくらですか。

C：50えんいただきます。

20. 버스를 탈 때

A : 이 버스가 서울행입니까?

B : 아닙니다.

　　이 다음 버스가 서울에 갑니다.

A : 이것은 서울에 갑니까?

C : 예, 그렇습니다.

　　요금을 지불하여 주십시오.

　　표를 끊겠읍니다.

A : 서울역까지 얼마입니까?

C : 50원 받습니다.

㈜ ●のる (乗る)⇨타다.　●インチョンゆきです
　か⇨인천행입니까?　●バス→버스.
　●いきますか→갑니까?
　●ちがいます→아닙니다.
　●この→이(지시).　●あとの→뒤의, 다음의.
　●まいります→(갑니다)의 겸양어.
　●どうぞ→아무쪼록, 부디, 제발, 아뭏든.
　●おはらい→지불
　●きっぷ→차표.　●えき (駅)→역, 정거장.
　●いくらですか→얼마입니까?
　●えん→돈(화폐의 기본 단위)
　●いただきます→받습니다.

21. ところをとうとき

A：すみません。
ここはどこですか。
B：ここは明洞ですよ。
A：このちかくにバスていは
ありませんか。
B：あのしろいデパートのとなりに
きんこうがあります。そのぎんこ
うのまえにバスていがあります。
A：そうですか。どうも…。

21. 장소를 물을 때

A : 실례합니다.
　　여기가 어디입니까?
B : 여기는 명동입니다.
A : 이 근처에 버스 정류장은 없읍니까?
B : 저 흰 백화점 옆에 은행이 있읍니다.
　　그 은행 앞에 버스 정류장이 있읍니다.
A : 그렇습니까? 감사합니다.

주● ところ⇨장소, 곳, 위치.
　● すみません→(미안합니다) 라는 사과의 뜻
　　외에 고맙다는 사례의 뜻과 남에게 말을 걸
　　때에도 쓴다.
　● ちかく→가까이, 근처.
　● バスてい→버스 정류장.
　● しろい→희다, 흰.
　● デパト→백화점 (department store).
　● ぎんこう→은행.
　● に⇨장소 또는 사물의 입장을 나타내는 조
　　사.

22. ちょうしょく（しょくどうで）

A：メニューでございます。

B：ありがとう。

A：ちょうしょくはなにいたし
ますか。

B：チーズオムレツとオートバー
ルをください。

きょうはどんなくだものが
ありますか。

A：グレープフルーツ，りんごそ
れになしです。

22. 아침식사 (식당에서)

A : 메뉴, 여기 있읍니다.
B : 고맙소.
A : 아침 식사는 뭘로 하시겠어요?
B : 치즈 오믈렛과 오트밀을 주시오.
　　오늘은 어떤 과일이 있소?
A : 포도와 사과, 그리고 배가 있읍니다.

[주] ●しょくどう⇨식당. ●メニュー→메뉴 (menu).
　●ちょうしょく (朝食)→아침 식사. あさご
　　はんい라고도 함.
　●チズオムレツ→치즈 오믈렛 (cheese omlet).
　●きょう→오늘.
　●どんな→어떤.
　●くだもの→과일.
　●グレープフルーツ→포도 (grapefruit).
　●りんご→사과.
　●それに→그리고.
　●なし→배.
　※ 일본의 식사는 우리와 마찬가지로 밥이 주식
　　(主食)이 되고, 국과 반찬이 따른다. 일본에
　　서는 아침이 가볍고 저녁에 반찬이 많이 따
　　른다. 그래서 대개 손님을 초대하는 것도 저
　　녁식사 때가 많다.

23. ゆうしょく（しょくどうで）

A : ゆうしょくははにになさいますか。

B : ぎゅうにくのコンソメ，
Tボーンステーキそしてまゐや
きのじゃがいもをください。

A : ステーキはどのように
しましょうか。

B : バデーアムにしてください。それ
からワインをもらいたいのですが。

A : あかになさいますか，
しろになさいますか。

B : あかをください。

23. 저녁식사 (식당에서)

A : 저녁 식사는 무엇으로 하실까요?

B : 쇠고기 콩소메, 티이 본 스테이크, 그
　　리고 통구이 감자를 주시오.

A : 스테이크는 어떻게 할까요?

B : 반쯤 익게 해 주시오.
　　그리고 와인을 들고 싶은데.

A : 적 포도주입니까? 백 포도주입니까?

B : 적 포도주로 주시오.

주 ●なにに⇒무엇으로
　 ●ゆうしょく→저녁 식사.
　 ●ぎゅうにく→쇠고기.
　 ●コンソメ→콩소메 (consomme).
　 ●ステーキ→스테이크 (steak).
　 ●じゃがいも→감자.
　 ●ミデイアム→반 정도.
　 ●ワイン→와인 (wine). 와인에는 흰색 와인
　　　과 붉은색 와인이 있다.
　 ●ください⇒주세요.

24. しょくじをちゅうもんするとき

A：なにがいちばんはやくできますか。

B：そうですね,「きょうのとくべつランチ」がはやくできます。

A：「きょうのとくべつランチ」はなんですか。

B：ひらめのフライ, クリームでにたじゃがいも, ウエスタンサンドウイッチそれにコーヒです。

A：じゃ, それを下さい。

B：かしこまりました。

24. 식사를 주문할 때

A : 무엇이 제일 빨리 됩니까?

B : 글쎄요, '오늘의 특별 런치'가 빨리
  됩니다.

A : '오늘의 특별 런치'는 무엇입니까?

B : 광어 프라이와 크림으로 찐 감자, 웨스
  턴 샌드위치, 그리고 커피입니다.

A : 그럼, 그것을 주십시오.

B : 알겠읍니다.

주 ● ちゅうもん⇨주문. ● ちゅうもんする⇨주
  문하다.
  ● なにが→무엇이 ● はやく⇨빨리.
  ● いちばん→제일. ● できるもの→되는 것.
  ● きょう→오늘. ● とくべつ→특별.
  ● ランチ→런치 (lunch).
  ● ひらめ→광어.
  ● フライ→프라이 (fry).
  ● クリーム→크림 (cream).
  ● ウエスタンサンドウイッチ→웨스턴 샌드
  위치.
  ● かしこまりました⇨알겠읍니다.

25. ようひんうりばで

A：ようひんうりばはどこに
ありますか。

B：ごかいにございます。

A：どれがいいかしら。
これがよさそうだわ。

C：いらっしゃいませ。
これでございますか。

A：ええ，これとあれとどっちが
いいかしら。

C：こちらのほうがしなものがしっ
かりしているようでございます。

25. 양품점에서

A : 양품 판매장은 어디에 있읍니까?

B : 5 층에 있읍니다.

A : 어느 것이 좋을지. 이것이 좋을 것 같
군요.

C : 어서 오십시오. 이것 말씀이신가요?

A : 예, 이것과 저것과 어느 것이 좋을지.

C : 이쪽 물건이 튼튼할 것 같군요.

주 ● ようひんうりば→양품 판매장, 양품점, 요
うひんてん이라고도 함.
● ごかい (五階)→ 5 층.
● どれが→어느 것이.
● これが→이것이.
● みせてください→보여 주십시오.
● こちらのほうが→이쪽 편의 것이.
● しなもの (品物)→물건, 물품, 상품.
● しっかり→견고한. ● バンヤ⇨빵집.
● とけいてん→시계점. 시계포. ● めがねや
⇨안경점. ● くつや⇨양화점. ● ほんや⇨책
방, 서점. ● たばこや⇨담배가게. ● くすり
や⇨약국, 약방.
※ 파는 물건에 따라 가게의 명칭이 다르다.

26. ほうせきをかうとき

A : このブローチのいしは
なんですか。

B : サファイアです。
つけてみますか。

A : ええ, でもおいくらかしら。

B : たったごまんウオンです。

A : ごまんウオンですって。
ちょっとたかいですね。

26. 보석을 살 때

A : 이 브로치의 보석은 무엇입니까?

B : 사파이어입니다. 달아 보시겠읍니까?

A : 예, 그렇지만 값이 얼마나 될는지요?

B : 단 5만원입니다.

A : 5만원이라구요. 좀 비싸군요.

주 ● ほうせき⇨보석. いし라고도 한다.
　● ブローチ→브로치 (brooch).
　● サフアイア→사파이어 (sapphire).
　● つけてみますか→달아 보시겠읍니까?
　● たった →거우, 기껏, 단지.
　● たかい→높다, 값이 비싸다.
　● いし→돌, 암석, 보석.　● ごまんウオン⇨
　　5만원.
　● か(買)う⇨사다.
　※ 보석의 종류
　● ざくろいし→석류석 ● しんじゅ→진주. ●
　　ビー→루비 ● りょくぎょくせき→녹옥석.
　● ダイヤモンド→다이어몬드 ● エメラルド→
에메럴드 ● オパール→오팔

27. ぼうしをかうとき

A：ショウウインドーにあるくろ
いぼうしをみせてください。

B：はい。

A：これにあうかしら。

B：そのぼうしはおきゃくさまに
とてもよくおにあいです。

A：そう。じゃ,これをください。
いくらですか。

B：ごせんウオンです。

27. 모자를 살 때

A : 쇼우윈도우에 있는 검은 모자를 보여
　　주십시오.

B : 예.

A : 이것이 어울릴지?

B : 그 모자는 손님께 잘 어울립니다.

A : 그래. 그럼 이것을 주세요.
　　얼마입니까?

B : 5,000원입니다.

[주]● ショウウインドー⇨쇼윈도우. 진열장.
　● ぼうし→모자.
　● くろい→검은, 까만.
　● おきゃくさま→손님.
　● けっこうです→좋습니다.
　● ごせんウオン→5000원.
　● そう→그래, 정말.
　● いくらですか⇨얼마입니까?
　● いくら⇨얼마. 어느 정도.

28. はなをかうとき

A：いらっしゃいませ。

B：ばらをください。

A：はい，なにいろがいいですか。

B：そうねえ。あかいのとしろいのを
ください。あのう，いっぽんい
くらですか。

A：1本500ウオンです。
なんぼんぐらいさし
あけましょうか。

B：じゃ，10本ください。

28. 꽃을 살 때

A : 어서 오십시오.

B : 장미를 주세요.

A : 예, 어떤 색깔이 좋겠읍니까?

B : 글쎄요, 붉은 것과 흰 것을 주세요.
　　 그런데, 한 송이에 얼마인가요?

A : 한 송이에 500원입니다.
　　 몇 송이쯤 드릴까요?

B : 그럼, 10송이 주세요.

주 ● はな ⇨ 꽃.
　 ● ばら → 장미.
　 ● ください → 주십시오.
　 ● なにいろ → 무슨 색.
　 ● あかい → 붉은색.
　 ● いっぽん → 한 송이.
　 ● いくら → 어느 정도, 얼마.
　 ● ～の ⇨ ～것. もの의 뜻을 내포하고 있다.
　 ● ～ぽん (本) ⇨ 가늘고 긴 것을 셀 때쓰는 단
　　 위. 자루. 송이.

29. とけいをかうとき

A：ウインドーのところにある
とけいはいくらでしょうか。

B：これですか。

A：いいえ, そのとなりです。

B：これですか。これはさいこう
きゅうひんです。

29. 시계를 살 때

A : 쇼우윈도우에 있는 시계는 얼마입니까?
B : 이것 말씀입니까?
A : 아니요, 그 옆의 것입니다.
B : 이것입니까? 이것은 최고급품입니다.

주 ● ウインドー→윈도우(window). 쇼윈도우를
　　말함.
　● ところ→곳, 장소. ● とけい→시계.
　● いくらでしょうか→얼마인가요?
　● となり→이웃. 옆. 곁.
　● やあ→(아아) 하는 가벼운 감탄사.
　● さいこうきゅうひん→최고급품.
　● かけどけい→벽시계 ● めざましどけい→
　자명종 ● おきどけい→탁상시계 ● すなどけ
　い→모래시계 ● デジタル→전기시계

30. セーターをかうとき

A：いらっしゃいませ。

B：セーターがほしいんですが
どんなのがありますか。

A：これはいかがですか。

B：それは少しはですぎますね。
もう少しじみな色は
ありませんか。

A：これはいかがでしょうか。
ちょうどよろしいと存じますが。

B：そうですね。では、それをも
らいましょう。

30. 쉐터를 살 때

A : 어서 오십시오.

B : 쉐터를 사려는데 어떤 것이 있읍니까?

A : 이것은 어떻습니까?

B : 그건 좀 너무 화려한데요.

　　좀 더 수수한 것은 없을까요?

A : 이것은 어떻습니까?

　　딱 좋으실 것 같습니다만.

B : 그렇군요. 그러면 그것을 주십시오.

주 ● かう⇨사다.

　 ● セーター→쉐터 (sweater).

　 ● ほしい→가지고 싶다. 필요하다.

　 ● どんなの→어떤 것. ● ～の⇨～것 (소유격)

　 ● はですぎます→화려합니다.

　 ● すこし→조금, 약간.

　 ● じみな→검소한, 수수한.

　 ● もらいましょう→(받겠읍니다)의 뜻. 즉,
　　주십시오.

※ 색에 관한 단어

● しろ→흰색　● きいろ→노랑　● あか→빨강

● あお→파랑　● ももいろ→분홍　● くろ→검정

31.　なつのスーツをかうとき

A：なつのスーツを買いたいん
です が。

B：どんないろをおかんがえですか。

A：しろ，あるいはあかるい
いろがいいんですが。

B：これなどいかがですか。

A：そうですね。
デザインはきにいりましたがい
ろがどうもしっくりしませんね。

B：では，これなどはいかがですか。

A：ええ，これはよさそうですね。

31. 여름옷을 살 때

A : 여름옷을 사려고 합니다만.

B : 어떤 색깔을 생각하고 계십니까?

A : 흰색 또는, 밝은색이 좋을 것 같군요.

B : 이런 것은 어떻습니까?

A : 글쎄요.

　　디자인은 마음에 듭니다만 색깔이

　　마음에 안 드는군요.

B : 그러면, 이런 것은 마음에 드십니까?

A : 예, 이게 좋아 보입니다.

[주] ● なつのスーツ⇨여름 옷.

　● なつ→여름.

　● どんな→어떤.　● いろ→색깔.

　● あかるい→밝다, 빛깔이 밝다.

　● しろ→흰색.

　● デザイン→디자인 (design).

　● スーツ→수트 (suit), 옷.

※ 계절 (きせつ)

　● はる⇨봄.　　● あたたかい⇨따뜻하다

　● なつ⇨여름.　● あつい⇨덥다.

　● あき⇨가을.　● すずしい⇨서늘하다.

　● ふゆ⇨겨울.　● さむい⇨춥다.

32. ワンピースをかうとき

A：いらっしゃいませ。

B：あのう，ワンピースは
どこにありますか。

A：こちらにございます。
これはいかがですか。

B：そうですねえ。でももうすこし
じみなのがいいんですが。

A：では，こちらはどうですか。
いろはかなりじみですが。

B：いろはいいですが，もうすこし
モダンながらはありませんか。

32. 원피스를 살 때

A : 어서 오십시오.

B : 저어, 원피스는 어디 있읍니까?

A : 저기에 있읍니다.

B : 글쎄요. 좀 더 수수한 것이
　　좋겠는데요.

A : 그럼, 이건 어떻습니까? 색깔이
　　꽤 수수한데요.

B : 색깔은 좋은데 좀 더 모던한 무늬는
　　없을까요?

주 ●いらっしゃいませ⇨어서 오십시오. (정중
　　한 표현)
　●ワンピース→원피스(one-piece).
　●どこに→어디에.
　●すこし→조금, 좀, 약간.
　●じみな→검소한, 수수한, 소박한.
　●どうですか→어떻습니까?
　●いろ(色)→색깔, 빛깔.
　●モダン→모던(modern).
　●がら→무늬.
　●ありませんか⇨없읍니까?

33. ワイシャツをかうとき

A：あのそらいろのワイシャツは
いくらかしら。

B：これでございますか。
さんぜんえんでございますが。
サイズはどのくらいですか。

A：十五だとおもうわ。

B：はい, ここにございます。ネクタ
イはどんなのにいたしましょうか。

A：うちの人はちょっとはでずき
なんだけど。

B：じゃ, あれなどはいかがですか。

33. 와이셔츠를 살 때

A : 저 하늘색 와이셔츠는 얼마입니까?

B : 이것 말입니까? 3,000엔입니다만,
　　사이즈가 얼마나 되지요?

A : 15라고 생각되는데요.

B : 예, 여기 있읍니다. 그리고, 넥타이는
　　어떤 것으로 하시겠읍니까?

A : 우리집 주인은 좀 야한 것을 좋아
　　하셔요.

B : 그럼, 저런 것은 어떻습니까?

주● いくらかしら⇨얼마인가요?
　● そらいろ→하늘색.
　● ワイシャツ→와이셔츠.
　● さんぜんえん→3천엔.
　● サイズ→사이즈(size), 크기, 칫수.
　● ネクタイ→넥타이(necktie).
　● どんな→어떤 것.
　● いたしますか→「いたす」는「する(하다)」
　　의 공손한 말. 하시겠읍니까? ● うち→집.
　● はで(派手)→색채, 복장 따위가 화려한 일.
　● じゃ⇨가벼운 감탄사.
　● あれなどは⇨저런 것은.
　● いかがですか⇨어떻습니까?

34. ようひんうりばで
ものをえらぶとき

A：これはシルクですか。

B：はい,これはきぬひゃくパーセン
トでイタリアせいです。

A：デザインもよさそうね。
これをください。
おいくらですか。

B：さんぜんごひゃくウオンです。

A：それからくつしたをみせて
ください。

34. 양품점에서 물건을 고를 때

A : 이것은 실크입니까?

B : 예, 이것은 100% 실크로 이탈리아제
입니다.

A : 디자인도 좋아 보이는군요.

이것을 주세요.

얼마입니까?

B : 3,500원입니다.

A : 그리고, 양말을 좀 보여주세요.

㈜● ようひんうりばで⇨양품점에서
● シルク→실크(silk).
● きぬ→비단, 명주, 견직물.
● おいくらですか→얼마입니까?
● さんぜんごひゃく→3,500
● みせてください→보여 주세요.
● くつした→양말.
● ひゃく→100.
● もの⇨물건, 것(소유).
● えらぶ⇨고르다.
● みせて⇨보여
● みせてください⇨보주십시오.

35. ようふくてんで

A：いらっしゃいませ。

B：こんにちは。ふゆのせびろを
いっちゃくつくりたいんですが。

A：はい, かしこまりました。

B：みほんをみせてくれませんか。

A：しょうしょうおまちください。

B：これはなかなかいいですね。

A：ウールです。

B：がらがすこしはですぎませんか。

A：いいえ, とてもおにあいで
ございますよ。

35. 양복점에서

A : 어서 오십시오.

B : 안녕하십니까? 겨울 양복을 한 벌 맞
　　추고 싶은데요.

A : 예, 알겠읍니다.

B : 견본을 좀 보여주지 않겠읍니까?

A : 잠시 기다려 주십시오.

B : 이것은 매우 좋은 것 같군요.

A : 순모입니다.

B : 무늬가 나에게 좀 야하지 않을까요?

A : 아니요. 아주 잘 어울리는데요.

㊟ ●ようふくてん⇨양복점. ●あ (合)わせる⇨
　　맞추다. ●いっちゃく (一着)→한 벌.
　●ふゆ (冬)→겨울. ●せびろ→양복.
　●おまちください→기다려 주십시오.
　●オールウール→울 (wool), 순면.
　●きじ→천. ●みほん (見本)→견본.
　●おにあい→어울리다. ●いいえ⇨아니오.
　●とても⇨아주, 썩.
　●おにあいでございますよ⇨잘 어울리는데요.

36. サングラスをかうとき

A：じょせいようのサングラスが
ありますか。

B：はい，ございます。

A：ゆうじんにきいたんですがとく
しゅレンズがあるそうですね。

B：ええ，ここにございます。
かけてこらんになりますか。

A：ええーと，じゃ，これを
かけてみますわ。

36. 선글라스를 살 때

A : 여성용 선글라스가 있읍니까?

B : 예, 있읍니다.

A : 친구에게 들었는데 특수 렌즈가 있다
　　지요?

B : 예, 여기 있읍니다.
　　써 보시겠읍니까?

A : 그럼, 이것을 써 보겠어요.

주 ● ありますか⇨있읍니까?사람이나 동물의 존
　　재를 물을 경우에는 いますか로 해야한다.
　● じょせいよう→여성용.
　● サングラス→선글라스(sunglass).
　● ゆうじん(友人)→벗, 친구.
　● きいたのですが→들은 것입니다만.
　● とくしゅ→특수.　● レンズ : 렌즈(lens).
　● かけて→(걸쳐, 걸어)의 뜻인데 안경을 코
　　에 거는 것이니 결국 안경을 써 보겠느냐
　　는 뜻이다.
　● います⇨있읍니다.(사람이나 동물의 존재
　　를 나타내는 동사임).
　● あります⇨있읍니다.(사람이나 동물을 제
　　외한 사물의 존재를 나타내는 동사임)

37. ほんやで（ほんをかうとき）

A：さいきんよくうれている
ほんは なんですか。

B：しょうせつですか, それとも
いっぱんのよみものですか。

A：あ, ここにヘミングウエイのが
ある。 これを下さい。

B：はい, 1,500ウオンちょうだ
いいたします。

A：1,500ウオンですね。

B：ええ, おつつみいたします。
どうもありがとうございました。

37. 서점에서(책을 살 때)

A : 요즘 잘 팔리고 있는 책은 무엇입
　　니까?
B : 소설입니까? 혹은 일반 책입니까?
A : 아, 여기 헤밍웨이 것이 있군.
　　이것을 주십시오.
B : 예, 1,500원입니다.
A : 1,500원이지요.
B : 예, 포장해 드리겠읍니다.
　　대단히 감사합니다.

주 ● ほんや⇨서점. 책방. ● ほんやで⇨서점에서
　● おもとめですか→찾으십니까? 구하십니까?
　● さいきん→요즘.
　● よく→잘.
　● しょうせつ→소설.
　● それとも→또는, 혹은.
　● いっぱん→일반.
　● ここに→여기에.
　● ヘミングウエイ→헤밍웨이.
　● つつみ→포장, 물건을 싼 꾸러미.
　● どうも⇨대단히. 무척.
　● ありがとうございました⇨감사했읍니다.

38. にんじんをかうとき

A：いらっしゃいませ。
何をさしあげましょうか。

B：こうらいにんじんをちょっと
みせてくれませんか。

A：はい, かしこまりました。
これはいかがでしょうか。

B：それはいくらですか。

A：これは一万五千ウオンです。

B：じゃ, ふたはこください。

38. 인삼을 살 때

A : 어서 오십시오.

　　무엇을 찾으십니까?

B : 고려 인삼을 좀 보여 주시겠어요?

A : 예, 알겠읍니다.

　　이것은 어떻습니까?

B : 그것은 얼마죠?

A : 이것은 15,000원입니다.

B : 그럼, 두 상자를 주세요.

㈜ ● いらっしゃいませ⇨어서 오십시오.

　● なに→무엇.　● にんじん⇨인삼.

　● みせてくれませんか→보여 주지 않겠읍니
　　까?

　● いくらですか→얼마입니까?

　● いちまんごせんウオン→15,000원.

　● ふたはこ→두 상자.

　● じゃ⇨가벼운 감탄사. 그럼. 자.

　● なにをさしあげましょうか⇨무엇을 찾으십
　　니까?

　● かしこまりました⇨알겠읍니다.

39. ブーツをかうとき

Ａ：ブーツがほしいんですが。

Ｂ：サイズはなんセンチですか。

Ａ：にじゅうごセンチなんです。

Ｂ：はいてみて下さい。

Ａ：ちょっとおおきいですね。

Ｂ：では，これをはいてみて
　　ください。

Ａ：ぴったりだわ。
　　これをください

39. 부츠를 살 때

A : 부츠를 사려고 합니다만.
B : 사이즈는 몇 센티입니까?
A : 25센티미터입니다.
B : 신어 보십시오.
A : 조금 크군요.
B : 그럼, 이것을 신어 보십시오.
A : 꼭 맞는군요. 이것을 주세요.

[주] ● ほしいんですが⇨사려고 합니다만.
● ブーツ→부츠(boot), 여자가 신는 목이 긴
구두.
● サイズ→사이즈(size).
● にじゅうご→25.
● センチ→센티미터 (cm).
● おおきい→크다, 큰.
● びったり→빈틈없이 꼭 맞는 모양.
● これを⇨이것을
● はいてみてください⇨신어 보아 주십시오.
● これをください⇨이것을 주십시오.

40. きっさてんで

A： なににになさいますか。
アイスクリームになさいますか。

B： わたしはお中をこわしているの
でつめたいものはだめです。

A： じゃ，こうちゃはいかがですか。

B： ええ，じゃ，こうちゃいただ
きます。

40. 다방에서

A : 뭘 드시겠읍니까?
　　아이스크림으로 할까요?
B : 저는 요즈음 속이 좋지 않아서 찬 것
　　은 못 먹습니다.
A : 그럼, 홍차는 어떨까요.?
B : 예,　그럼 홍차로 하겠읍니다.

주 ●きっさてん⇨다방.　●～で⇨～에, ～에서.
　●なにに→무엇으로.
　●なさいますか→하시겠읍니까?
　●アイスクリーム→아이스크림 (ice cream).
　●おなかをこわす→배탈이 나다.
　●だめです→안 됩니다.
　●つめたいもの→차가운 것.　●つめたい⇨
　차갑다.
　●こうちゃ(紅茶)→홍차.

41. さんぱつやで

A : こちらへどうぞ。　さんぱつ
ですか。

B : そうです。

A : スタイルはどのように
なさいますか。

B : ふつうのスタイルにして
ください。

A : はい, ちょうはつはおわりまし
た。ひげをおそりいたしましょう。

B : 私のひげはとてもこいんです。

A : そうですね。

41. 이발소에서

A : 이리 오십시오. 이발입니까?
B : 그렇습니다.
A : 스타일은 어떻게 하시겠읍니까?
B : 보통 스타일로 해 주세요.
A : 예, 조발은 끝났읍니다.
   면도를 하시죠.
B : 내 수염은 퍽 억셉니다.
A : 그렇군요.

㊒● さんぱつや⇨이발소. ● さんぱつやで⇨이
   발소에서.
   ● さんぱつ (散髪)→이발.
   ● スタイル→스타일 (style).
   ● ふつう (普通)→보통.
   ● ちょうはつ (調髪)→조발.
   ● おわりました→끝났읍니다.
   ● こい (濃い)→짙다, 빽빽하다.
   ● ひげ→수염.
   ● とても⇨무척, 퍽.
   ● こいんです⇨억셉니다. 빽빽합니다.
   ● そうですね⇨그렇군요.

42. びよういんで

A：まえがみを少しカールしたら
どうかしら。

B：こうでございますか。

A：ええ。

B：はい，全部終りました。

A：どうもごくろうさまでした。

42. 미용원(실)에서

A : 앞머리를 약간 커얼하면 어떨까?
B : 이렇게 말씀인가요?
A : 예.
B : 네, 모두 끝났읍니다.
A : 매우 수고하셨어요.

㈜ ●まえがみ→앞머리.
　●カール→커얼(curl), (머리털을) 곱슬곱슬
　　하게 하다.
　●どうかしら→어떨까?
　●こう→이렇게.
　●ごくろうさまでした→수고했읍니다.
　●おわりました→끝났읍니다.
　●ぜんぶ(全部)→전부.
※이 미용(理美容)에 관련된 단어
　●バリカン⇨이발기계.　●くし→빗.　●かみ
　そり→면도.　●ふけ→비듬.　●ほほ→빰.　●
　カ(刈)る⇨깎다.　　●さんぱつ→이발.　●お
　とくいさま→단골손님.　●つれる→땡기다 ●
　はさみ→가위.　●みみ(耳)かさ→귀이개.　●
　せつ(石)けん→비누.　●くち(口)ひげ→콧수
　염.　●あご→턱.　●わ(分)ける→가르다. 나
　누다.　●かつら→가발.

43. くすりやで

A：いらっしゃいませ。
どこかわるいんですか。

B：ゆうべからかぜぎみで，のどが
いたいんですが。

A：ちょっとおまちください。
このくすりをよじかんごとに
いっぷくずつおのみください。

B：すぐよくなるでしょうか。

A：ええ，よくききますから，
ごあんしんください。

43. 약국에서

A : 어서 오십시오.
　　어디 편찮으십니까?
B : 어제 저녁부터 감기 기운이 있고
　　목이 아픈데요.
A : 잠깐 기다려 주십시오.　이 약을
　　　4 시간마다 한 봉씩 잡수십시오.
B : 곧 나을까요?
A : 예, 잘 들으니까 안심하십시오.

주 ● くすりや ⇨ 약국, 약방.　● くすりやで ⇨ 약
국에서.　　● わるい → 나쁘다, 좋지 않다.
● ゆうべ → 저녁 때, 해질 무렵, 전날 밤, 어
젯밤　● かぜ → 감기.　● きみ → ～하는 경향.
● のど → 목구멍, 인두, 후두.
● いたく → 심히, 대단히, 매우.
● よんじかん → 4 시간.
● おのみください → 마셔 주십시오. 잡수십시
오.　● あんしん → 안심.　● すぐ → 즉시, 곧.
● くすり → 약.　● よく → 좋게　● なる → 되다.
● よくなる → 좋게 되다. 낫다.
● よくなるでしょうか ⇨ 좋게 될까요? 나을
까요?

44. びょういんで

A : しんさつしていただきたいん
ですが。

B : どこがわるいんですか。

A : 二三日前からかぜぎみでし
たが, すこしむりをしたみた
いなです。

B : ちょっとねつをはかって
みましょう。

A : すぐなおるでしょうか。

B : ええ, たいしたことは
ありませんよ。

44. 병원에서

A : 진찰 좀 받고 싶은데요.

B : 어디가 편찮으시죠?

A : 2, 3일 전부터 감기 기운이 있었읍니
　　 다만, 좀 무리를 한 것 같습니다.

B : 열을 좀 재어 봅시다.

A : 곧 나을까요?

B : 예, 대단치는 않습니다.

주 ● びょういん⇨병원. ● びょういんで⇨병원
　　 에서.
● しんさつ(診察)→진찰.
● いただきたい→받고 싶다. 「いただき」는
　　 (받다)의 공손한 말, 「たい」는 (~하고싶
　　 다)의 뜻.
● わるい→좋지 않은. ● むり(無理)→무리.
● ねつ→열. ● はかって→재어.
● すぐ→곧, 즉시, 빨리.
● なおる→병이 회복되다. 아픈 것이 낫다.
● たいしたことは→대단한 것은.
● ありません→아닙니다 (부정).
● すこし→약간, 조금.

45. しかで

A : おはようございます。
どうしましたか。

B : 歯がいたいんです。

A : それで, どのくらいいたみ
ますか。

B : 昨夜はいたくでねむれ
ませんでした。

A : そうでしょう。少しほおが
はれていますからね。
それじゃ,歯をみせてください。

45. 치과에서

A : 안녕하십니까? 어디가 불편하십
　　니까?

B : 이가 아픕니다.

A : 그러니까, 어느 정도 아프십니까?

B : 어젯밤은 아파서 잠을 자지 못했
　　읍니다.

A : 알았읍니다. 볼이 약간 부어 있군요.
　　그러면, 이를 보여 주십시오.

주● しかで⇨치과에서.
　● いたいんです→아픕니다.
　● は→이, 치아.
　● たいへん→대단히, 매우.
　● さくや (昨夜)→어젯밤.
　● ねむれませんでした→잠들지 못했읍니다.
　● ほお→뺨, 볼.
　● はれて→부어.
　● はれる→살갗이 붓다.
　● それじゃ⇨그러면, 그렇다면.
　● しか (歯科)⇨치과　● しかい⇨치과의사

46. ぎんこうで(よきんするとき)

A：よきんしたいんですが。

B：いらっしゃいませ。
ふつうよきんでございますか。

A：ええ、そうです。

B：では、このようしを
おかきください。

A：じゅうしょもかくんですね。

B：ええ、さようでございます。

46. 은행에서 (예금할 때)

A : 예금을 하고 싶은데요.

B : 어서 오십시오.

　　보통 예금이십니까?

A : 예, 그렇습니다.

B : 그럼, 이 용지에 기입해 주십시오.

A : 주소도 쓰는 겁니까?

B : 예, 그렇습니다.

주 ●ぎんこう→은행.　●ぎんこうで→은행에서.
●よきん (預金)→예금, 저금.
●よきんする→예금하다.
●ふつうよきん→보통 예금.
●では→그러면.
●ようし→용지.
●じゅうしょ→주소.
●かく→쓰다.
●さようでございます→그렇습니다.

47. よきんするときのたいわ

A：よきんなさるきんがくは
おいくらですか。

B：五十万ウオンです。

A：では，そこのいすにおかけに
なって，ちょっとおまちくだ
さいませ。

B：はい，わかりました。

47. 예금할 때의 대화

A : 예금하실 금액은 얼마입니까?
B : 500,000원입니다.
A : 그럼, 거기 의자에 앉으셔서 잠시
　　기다려 주십시오.
B : 예, 알겠읍니다.

주● おいくらですか→얼마입니까? 여기서 お
　는 친절과 겸양을 나타내는 접두어임.
● きんがく→금액.
● いす→의자.
● よきん→예금.
● そこの→거기의.
● おまちください→기다려 주십시오.
● わかりました→알았읍니다.
※ 은행에서 쓰는 말
● よきんをする→예금을 한다.
● よきんをひきだす→예금을 찾다.
● とうざよきん(當座預金)→당좌예금.
● ていきよきん(定期預金)→정기예금.
● つうちょう→통장.
● そうきん→송금.　● かわせ→환.
● りし(利子)→이자.　● てがた→어음.
● しはらい→지불.　● すいとうがかり→출납계

48. こぎってをかえるとき

A： トラベラースチエックをげんきんにかえていただけますか。

B： ええ, おかえになれます。

A： あすまいりたいとおもいますが, えいぎょうじかんはどうなっていますか。

B： くじからごごのしちじまでです。

A： そうですか。ありがとうございます。

B： いいえ, どういたしまして。

48. 수표를 바꿀 때

A : 여행자 수표를 현금으로 바꿀 수
    있읍니까?
B : 예, 할 수 있고 말고요.
A : 내일 오겠읍니다만, 영업 시간이 어떻
    게 됩니까?
B : 9시부터 오후 7시까지입니다.
A : 그렇습니까? 감사합니다.
B : 아니, 천만의 말씀입니다.

㈜ ● こぎって→수표.　● かえる→바꾸다.
　● トラベラースチエック→여행자 수표.
　　(Travel Checks)
　● もちろん→물론.　● あす (明日)→내일.
　● まいる→(오다)의 겸양어.「まいりたいと」
　　오려고.
　● おもいます→생각합니다.
　● えいぎ ょうじかん→영업 시간.
　● くじ→9시.
　● ごごの→오후의.　● しちじ→7시.
　● から→〜부터.　● まで→〜까지.
　● いいえ→아니오.
　● どういたしまして→천만의 말씀입니다.

49. でんぽうをうつとき

Ａ：アメリカのニユーヨークに
でんぽうをうちたいのですが。

Ｂ：ここにでんぶんをかいて
ください。

Ａ：でんぶんとあてながあります。

Ｂ：ふつうでんぽうにしますか。

Ａ：はい，ふつうでんぽうで
おねがいします。

Ｂ：これはしゅくでんですか。

Ａ：いいえ，ちょうでんです。

49. 전보를 칠 때

A : 미국의 뉴욕에 전보를 치려는데요.
B : 여기에 전문을 써 주세요.
A : 전문과 수신자 주소가 여기 있읍니다.
B : 보통 전보로 하시겠읍니까?
A : 예, 보통 전보로 해 주십시오.
B : 이것은 축전입니까?
A : 아닙니다. 조전입니다.

주 ● うつ⇨치다.　● でんぽうをうつ⇨전보를 치
다.　● ニユーヨーク : 뉴욕(New York).
● アメリカ : 미국(America).
● でんぽう : 전보.　● ここに : 여기에.
● でんぶん : 전문(電文).
● ふつうでんぽう : 보통 전보.
● しゅくでん : 축전.　● ちょうでん : 조전(弔電).
※ 우체국에서 많이 쓰는 말.
● さしたしにん→발송인 (보내는 사람).
● うけとりにん→수취인 (받는사람).
● ひづけいん (日附印)→일부인.
● こがわせ→소액환.
● でんしんかわせ→전신환.
● かわせりょうきん→환금 수수료.

50. きってをかうとき

A： はがきをじゅうまいください。

B： はい，かしこまりました。

A： ああ，それからきっても
じゅうまいほどください。

B： はい。かしこまりました。

A： てがみにゆうびんばんごうを
かかなければなりませんか。

B： はい，もちろんです。

A： ゆうびんばんごうは，
どうしてしらべるんですか。

50. 우표를 살 때

A : 엽서를 열 장 주십시오.

B : 예, 알겠읍니다.

A : 아아, 그리고 우표도 열 장쯤 주십
　　시오.

B : 예, 알겠읍니다.

A : 편지에 우편번호를 쓰지 않으면
　　안됩니까?

B : 예, 물론입니다.

A : 우편번호는 어떻게 찾습니까?

㊟● まい (枚) → 장, 매 (枚)
● じゅうまい → 10매.　● はがき → 엽서.
● かしこまりました → 알겠읍니다.
● きって → 우표.
● ゆうびん → 우편.　● てがみ → 편지.
● はやみひょう → 조견표.
※ 우체국에서 많이 쓰는 말
● こくないゆうびん → 국내우편.
● がいこくゆうびん → 외국우편.
● えはがき → 그림 엽서.
● かきとめ → 등기.　● そくたつ → 속달.
● そくたつゆうびん → 속달우편.

51. こくさいでんわをかけるとき

A：もしもしこうかんしゅさん。

B：もしもし，こちらはこうかん
ですが。

A：キムさんをおねがいします。
こちらは李ですが。

B：ああ，李さん。キムです。

51. 국제전화를 할 때

A : 여보세요, 교환양.
B : 여보세요, 교환입니다만.
A : 김 선생을 부탁합니다.
　　저는 이 군입니다만.
B : 아, 이군. 김이예요.

주● こくさいでんわ→국제전화
● もしもし→여보세요, 영어의 Hello와 같음.
● こうかんしゅさん→교환양.
● こちらは→여기는.
● おねがいします→부탁합니다.
● かける→걸다.
● でんわをかける→전화를 걸다.
※ 전화에 관한 말
● でんわ→전화.　● でんわばんごう→전화번
호.　● こくさいでんわ→국제 전화.● こうし
ゅうでんわ→공중 전화.　● こうかんだい→교
환대.　● じゅわき→수화기.　● しないでんわ
→시내 전화.　● しがいでんわ→시외 전화.

52. しゅみをとうとき

A：あなたのしゅみはなんですか。

B：きってをあつめることです。

A：あなたはすてきなしゅみを
おもちですね。

B：あなたのおくさんのしゅみも
きってをあつめることですか。

A：ええ，わたしたちはおなじ
しゅみなんです。

52. 취미를 물을 때

A : 당신의 취미는 무엇입니까?
B : 우표 수집입니다.
A : 당신은 멋진 취미를 가지셨군요.
B : 당신 부인의 취미도 우표수집입니까?
A : 예. 우리는 취미가 같습니다.

㈜●とう→묻다. ●しゆみをとう→취미를 묻다.
 ●あなた→당신, 너. 자네. (2인칭의 상대방)
 ●しゆみ→취미.
 ●なんですか→무엇입니까?
 ●きって→우표.
 ●あつめる→모으다, 수집하다.
 ●おくさん→부인, 남의 아내를 부르는 말.
 ●わたしたち→우리들
 ●おなじしゆみを→같은 취미를.
 ●すてき→매우 근사함, 아주 멋짐.
 ●きってをあつめることです→우표를 수집하
  는 일입니다.

53. おんがく（しゅみ）

A：どんなおんがくがすきですか。

B：けいおんがくがすきです。

A：クラシックとポピュラーと
ではどちらがすきですか。

B：ポピュラーのほうがすきです。

53. 음악 (취미)

A : 어떤 음악을 좋아하십니까?
B : 경음악을 좋아합니다.
A : 클라식과 대중 음악과는 어느 쪽이
　　좋습니까?
B : 대중 음악이 좋습니다.

주 ● すく →좋아하다. ● すきですか →좋아합니까?
● どんな →어떤.
● おんがく →음악.
● けいおんがく →경음악.
● クラシック →클라식 (classic).
● ポピュラー →인기가 있는 모양, 대중 음악,
　　포퓰러 (popular).
● どちらが →어느 쪽이.
● ほう →〜편, 〜쪽.
※ 음악에 관련된 말
● リズム →리듬. ● かよう →가요.
● りゆうこうか →유행가 (流行歌).
● たてこと →하아프. ● みんよう →민요.
● ばんそう →반주. ● らっぱ →나팔.
● こもりうた →자장가. ● がつしよう →합창.
● せんりつ →선율. ● わおん →화음.
● こつか →국가 (國歌). ● ギター →기타.

54. テニス

A：テニスがすきですか。

B：はい，わたしはテニスが
たいへんすきです。

A：いつあなたはテニスしますか。

B：わたしはともだちとにちよう
のごごテニスをします。

A：じゃ，上手でしょうね。

B：いいえ，あまり上手じゃありません。

A：らいしゅうのにちよう，
わたしとテニスをしませんか。

B：ええ，いいですよ。

54. 테니스

A : 테니스를 좋아하십니까?

B : 예, 나는 테니스를 매우 좋아합니다.

A : 당신은 언제 테니스를 칩니까?

B : 나는 친구들과 일요일 오후 테니스를
     칩니다.

A : 그럼 잘 치시겠네요.

B : 아녜요. 그다지 잘 치지 못합니다.

A : 내주 일요일에 저와 테니스를 치지
     않겠읍니까?

B : 예, 좋습니다.

[주] ● テニスします→테니스를 칩니다.
  ● テニス→테니스(tennis). ● たいへん→매우.
  ● すきです→좋아합니다.
  ● ともだち→친구, 벗.
  ● もちろん→물론.
  ● らいしゅう→내주(来週).
  ● にちよう→일요일.
  ● あまり→그다지.
  ● わたしと→저와. 나와. ● ～と→와, ～과.

55. スケート

A： スケートはすきですか。

B： はい，だいすきです。

A： すべりかたをおしえて
くださいませんか。

B： ええ，でも，わたしはへたです
からゆうじんにたのんで
あげますよ。

A： そうですか。
どうもすみません。

55. 스케이팅

A : 스케이팅을 좋아하십니까?

B : 예, 매우 좋아합니다.

A : 스케이트 타는 법을 가르쳐 주시지
    않겠읍니까?

B : 예, 그럼 나는 잘 못하니까
    친구에게 부탁하지요.

A : 그렇습니까? 부탁합니다.

주 ●スケートをすきです→스케이팅을 좋아합
     니다.
   ●スケート→스케이트(skate), 스케이팅.
   ●すべりかた→활주하는 법, 스케이트 타는
     법.
   ●ゆうじん→벗, 친구.
   ●たのんで→부탁해서.
   ●へたですから→익숙하지 못하므로, 잘 못
     하므로.

56. スキー

A : スキーはすきですか。

B : はい，すきです。

A : ことしのふゆ，スキーに
いくよていですか。

B : ええ，テグアンリョンへ
いこうとおもっています。

A : そこはしょしんしゃむきの
スキーじょうですか。

B : ええ，しょしんしゃでも
だいじょうぶですよ。

56. 스 키

A : 스키를 좋아하십니까?
B : 예, 좋아합니다.
A : 이번 겨울에 스키타러 갈
　　예정이 있읍니까?
B : 우리는 대관령에 갔으면 하고
　　생각합니다.
A : 그곳은 초보자에게 적당한
　　스키장일까요?
B : 예, 초보자에게 매우 좋습니다.

[주] ● ことしのふゆ→금년 겨울. 이번 겨울.
　　● スキー→스키 (ski).
　　● あなた→너, 당신.
　　● ことし→금년, 올해.　● ふゆ→겨울.
　　● わたしたち→우리들.
　　● そこは→그곳은.
　　● しょしんしゃ→초보자.　● よてい→예정.
　　● テグアンリョン→대관령.
　　● スキーじょう→스키장.
　　● しょしんしゃでも→초보자에게도.
　　● だいじょうぶですよ⇨대단히 좋습니다.
　　　매우 훌륭합니다.

57. コルフ

A : コルフをしたいんですが
おしえてくれませんか。

B : ええ，いいですよ。それで
とうぐはもっていますか。

A : いいえ，もっていきません。

B : ではかしぐつ，かしクラブも
ありませんか。

A : いいえ，それはありますよ。

B : それはよかった。じゃ,ボールのうち
かたからおしえてくれませんか。

A : ええ，いいですよ。

57. 골 프

A : 골프를 하고 싶은데 가르쳐
　　주지 않겠읍니까?

B : 예, 좋습니다. 그러면 도구는
　　가지고 있읍니까?

A : 아니요, 갖고있지 않습니다.

B : 그러면, 대여 구두, 대여 클럽도
　　없읍니까?

A : 아니요, 그것은 있읍니다.

B : 그것, 잘 되었읍니다.
　　자, 그럼 볼 치는 법부터 가르쳐
　　주지 않겠읍니까?

A : 예, 좋습니다.

주● それで→그러면.　● とうぐ⇨도구.
　● コルフ→골프(golf).
　● したいんですが→하고 싶습니다.
　● かしぐつ→대여 구두.
　● かしクラブ→대여 클럽.　● ボール→공.
　● おしえる→가르치다, 일러주다, 알려주다.
　● もっています→가지고 있다.
　● もっていません→가지고 있지 않다.

58. えいが

A：あなたはえいががすきですか。

B：ええ，だいすきですよ。

A：じゃ,えいがにいきましょうか。

B：いいですよ。

A：メロドラマとアクションえい
がとどちらがすきですか。

B：わたしはアクションえいが
のほうがすきです。

58. 영 화

A : 당신은 영화를 좋아하십니까?
B : 예, 매우 좋아합니다.
A : 그럼 영화보러 갈까요?
B : 좋습니다.
A : 멜로 드라마와 액션 영화중 어느 쪽을
    좋아하십니까?
B : 나는 액션 영화쪽을 좋아합니다.

㊟ ● あなたは→당신은, 너는, 그대는, 자네는.
  ● えいが (映画)→영화.　● だいすき→매우
    좋아함.　● メロドラマ→멜로 드라마 (mel-
    odrama).　● アクションえいが→액션 영화.
  ※ 영화에 관련된 말
  ● ししゃ→시사 (試写).
  ● けんえつ→검열.　● しゅえん→주연.
  ● はいやく→배역.　● かんとく→감독.
  ● ふうきり→개봉.　● にゆうじよう→입장.

59. げいじゅつ

A : このえ，どうですか。

B : すばらしいですね。

ほんとうにいいできですよ。

A : らいしゅうのにちようび，

しゃせいにいくんですが

いっしょにいきませんか。

B : ええ，よろこんで。

59. 예 술

A : 이 그림, 어떻습니까?

B : 훌륭하군요.
   정말 볼만한 가치가 있어요.

A : 내주 일요일, 사생하러 가는데 같이
   가지 않겠읍니까?

B : 예, 기꺼이 가겠읍니다.

主 ● え→그림.
　 ● このえ→이 그림.
　 ● どう→어떻게.
　 ● すだらしい→훌륭하다.
　 ● らいしゅう→내주(来週).
　 ● しゃせい→사생(写生).
　 ※ 그림에 관련된 말
　 ● げいじゅつ→예술.
　 ● クレョン→크레용.
　 ● ふうけいが→풍경화.
　 ● ちょうこく→조각.
　 ● ちょうぞう→소조.
　 ● てんらんかい→전람회.

60. とざん

A：あなたはとざんがすきですか。

B：はい，すきです。

A：ソウルのちかくにいいやまが
ありますか。

B：ありますよ。

A：どんなやまですか。

B：ドボンサン，サムガクサン，
ブッカンサンなどです。

A：どのやまがいちばんたかいですか。

B：ブッカンサンがいちばんたか
いとおもいます。

60. 등 산

A : 당신은 등산을 좋아합니까?

B : 예, 좋아합니다.

A : 서울 근교에 좋은 산이 있읍니까?

B : 있고 말고요.

A : 어떤 산들이 있읍니까?

B : 도봉산, 삼각산, 북한산 등입니다.

A : 어느 산이 제일 높습니까?

B : 북한산이 가장 높다고 생각합니다.

주● とざんがすきです→등산을 좋아하다.
● とざん→등산.
● ソウル→서울(Seoul).
● ちかくに→근교에, 가까이에.
● やま→산.
● ドボンサン→도봉산.
● サムカクサン→삼각산.
● ブッカンサン→북한산.
● など→〜등등.
● いちばん→제일.
● たかいですか→높습니까?
● おもい→생각하다.

61. ざっし

A：あなたはどんなしゅるいの
ざっしをおとりになるのですか。

B：わたしはぶんげいざっしを
とりたいのです。

A：ムナクササンはまだでて
いますか。

B：はい，でています。
あなたはどんなしゅるいのほん
をおよみになりたいのですか。

A：わたしはいいしょうせつが
よみたいです。

61. 잡 지

A : 당신은 어떤 종류의 잡지를
　　보시겠읍니까?
B : 나는 문예지를 신청하고 싶습니다.
A : 문학 사상지가 아직 나오고 있읍니까?
B : 예,　나옵니다.　당신은 어떤 종류의
　　책이 읽고 싶습니까?
A : 나는 좋은 소설이 읽고 싶습니다.

주 ● どんな→어떤
　 ● しゅるい→종류.
　 ● ざっし→잡지.
　 ● とる→사들이다,　구입하다.
　 ● ぶんげいざっし→문예 잡지.
　 ● まだ→아직,　여태.
　 ● でていますか→나오고 있읍니까?
　 ● およみに→읽어.　　● いい→좋은.
　 ● しょうせつ→소설.
　 ● よみたいです→읽고 싶습니다.
　 ● よむ→읽다.
　 ● たいしゅうざっし→대중 잡지.
　 ● ふじんざっし→부인 잡지.
　 ● げっかんざっし→월간 잡지.

62. ラヂオ

A : ラジオでもききましょう。

B : そうしましょう。

A : きょうはなにがほうそうされて
いますか。

B : ラジオドラマがあります。

A : ラジオばんぐみのなかでなに
がいちばんすきですか。

B : わたしはおんがくばんぐみう
がいちばんすきです。

62. 라디오

A : 라디오로도 들읍시다.

B : 좋습니다.

A : 오늘은 무슨 방송이 있읍니까?

B : 라디오 드라마가 있읍니다.

A : 라디오 프로에서 무엇을 제일

　　좋아하십니까?

B : 나는 음악방송을 제일 좋아합니다.

[주] ● きく → 듣다.

● ラジオ → 라디오 (radio).

● ききましょう → 들읍시다.

● きょう → 오늘.

● なにが → 무엇이.

● ほうそう → 방송.

● ラジオドラマ → 라디오 드라마.

● ばんぐみ → 방송 프로.

● なかで → 중에서, 가운데에서.

● いちばん → 제일, 첫째로, 가장.

● いちばんすきです → 첫째로 좋아합니다.
　가장 좋아합니다. (무엇보다도) 제일 좋아
　합니다.

데레비

63. テレビ

A : チャンネルをまわして
くれませんか。
(짠네루오마와시떼 꾸레마셍까)

B : はい。
(하이)

A : わたしはよるやくさんじかん
テレビをみるんですよ。
(와다시와요루야꾸산지깐 데레비오미룬데스요)

B : あなたのおきにいりのばん
ぐみなんですか。
(아나따노오끼니이리노방 구미난데스까)

A : わたしの好きなばんぐみは
れんぞくげきです。
(와다시노스끼나방구미와 렌죠구게끼데스)

63. 텔레비젼

A : 채널을 돌려주지 않겠읍니까?
B : 예.
A : 나는 밤에 약 세 시간 텔레비젼을
　　봅니다.
B : 당신이 좋아하는 프로는 어떤
　　것입니까?
A : 내가 좋아하는 프로는 연속극입니다.

주 ● おきにいりのプログラム→좋아하는 프로.
　● チャンネル→채널 (channel).
　● ばんぐみ→프로그램 (program).
　● やく→약.
　● さんじかん→세 시간.
　● テレビ→텔레비젼 (television).
　● みます→봅니다.
　● おきにいり→마음에 드는 일, 그러한 사람.
　● なんですか→무엇입니까?
　● れんぞくげき→연속극.
　※ 텔레비젼에 관련된 말
　● テレビタレント→T·V탤런트.
　● れんぞくばんぐみ→연속 프로그램.
　● きろくえいが→기록 영화.
　● クイズばんぐみ→퀴즈 프로그램.
　● こどもばんぐみ→어린이 프로그램.

64. こすいよい

A：およげますか。

B：ええ，およげますよ。

A：わたしはらいしゅうのにち
よびにヘウンデへおよぎにい
くんですが。いっしょにいき
ませんか。

B：ええ，いいですよ。

64. 수 영

A : 수영을 할 줄 아십니까?
B : 예, 압니다.
A : 나는 내주 일요일 해운대로 수영 갈
　　생각인데요.
　　함께 가시지 않겠읍니까?
B : 예, 좋습니다.

㉾ ● およげます→수영할 줄 알다.
　● およぎ→헤엄.　● こすいよい→수영 (swim-
　　ming).
　● らいしゅう→내주.
　● にちようび→일요일.
　● ヘウンデ→해운대.
　● いっしょに→함께, 같이.
　● いきませんか→가지 않겠읍니까?
　● いいですよ→좋습니다.
　※ 수영의 종류
　● ひらおよぎ→평영.
　● クロール→크롤 (crawl).
　● じゆうがた→자유형.
　● せおよぎ→배영.
　● とびこみだい→도약판.

65. なつキャンプ

A：あなたはまいとしなつキャンプにいきますか。

B：ええ，いきますよ。

A：キャンプでなにをするのですか。

B：キャンプフアイヤをしてうたをうたいそのまわりでダンスをします。

A：それはとてもおもしろいそうですね。

B：あなたはキャンピングのどうぐをもっていますか。

65. 여름 캠핑

A : 당신은 매년 여름 캠핑을 갑니까?

B : 예, 갑니다.

A : 캠핑가서 무엇을 합니까?

B : 캠프 파이어를 피우고 노래를 부르며
그 주위에서 춤을 춥니다.

A : 그것은 매우 재미있을 것 같군요.

B : 당신은 캠핑 도구를 가지고 있나요?

주 ● まいとし→매년, 해마다.
● きみ→당신, 너, 자네, 군.
● キャンプ→캠프 (camp).
● キャンプファイヤ→캠프파이어 (camp fire).
● そのまわりで→그 주위에서.
● ダンス→댄스 (dance).
● どうぐ→도구, 연장.
● まいとしなつ→매년 여름.

66. バカンス

A：なつのバカンスはいつですか。

B：たぶんはちがつでしょう。

A：どこへいくつもりですか。

B：そうですね。かいがんへでも
いこうかとおもっています。

A：ごかぞくもごいっしょですか。

B：ええ，そうつもりです。

66. 바캉스

A : 여름 바캉스는 언제입니까?

B : 아마 8월에 있을 것입니다.

A : 어디로 가실 계획입니까?

B : 글쎄요, 어디 해변가나 갈까
　　생각합니다.

A : 가족도 함께 갑니까?

B : 예, 그렇게 할 작정입니다.

(주) ● なつのバカンス→여름 바캉스.

● なつ→여름.

● バカンス→비캉스 (vacances).

● いつですか→언제입니까?

● はちがつ→8월.

● どこへ→어디로, 어느 곳으로.

● つもり→예정, 생각, 셈, 심산.

● かいがん→해변, 해변가, 바닷가.

● いこうかと→갈까 하고.

● かぞく→가족.

● おもっています→생각합니다.

● そうつもりです→그럴 생각입니다.
　그렇게 할 계획(작정)입니다.

67. りょこうあんない

A：こくないのりょこうあんない
もしてくれますか。

B：ええ，もちろんです。

A：キョンジュけんぶつをしたい
とおもいましてね。

B：そうですか。

A：あたしのきっぷにまい
ありますか。

B：はい，ございます。

67. 여행 안내

A : 국내 여행 안내도 해 주십니까?
B : 예, 물론입니다.
A : 경주 구경을 하고싶은 생각이 있어
　　서요.
B : 그렇습니까?
A : 내일 표 두 장 있을까요?
B : 예, 있읍니다.

㈜ ● りょこうあんない→여행 안내.
　● こくない→국내.　● りょこう : 여행.
　● あんない→안내.　● りょこうあんないしょ
　　→여행 안내소.
　● キョンジユ→경주.
　● したい→하고 싶다.
　● きっぷ→표.　　● にまい→두 장.
※ 여행에 관련된 말
　● きゅうこうれっしゃ→급행열차.
　● とっきゅう→특급. 특급열차.
　● かもつれっしゃ→화물 열차.
　● しんだいしゃ→침대차.
　● しんだいけん→침대권.
　● いっとうしゃ→일등차.
　● にとうしゃ→이등차.

68. おんせん

A：かんこくでいちばんゆうめい
なおんせんはどこですか。

B：スアンボおんせんです。

A：大浴場もありますか。

B：ええ，あります。

A：たかくありませんか。

B：いいえ，とてもやすいです。

68. 온 천

A : 한국에서 제일 유명한 온천은
　　어디입니까?

B : 수안보 온천입니다.

A : 대중탕도 있읍니까?

B : 예, 있읍니다.

A : 비싸지 않을까요?

B : 아닙니다. 매우 쌉니다.

주● ゆらめいなおんせん→유명한 온천.
● いちばん→제일, 가장, 첫째로.
● ゆうめいな→유명한, 이름난, 알려진.
● おんせん→온천.
● スアンボ→수안보.
● だいよくじょう→대중탕.
● たかく→값이 비싼.
● やすい→값이 싸다.
● とても→매우, 대단히.
● たかくありませんか→비싸지 않습니까?
　비싸지 않을까요?

69. きっぷをかうとき

A： プサンまでのきっぷをくだ
さい。 プサンゆきのれっしゃ
はもうしゅっぱつしましたか。

B： いいえ，まだです。でもあと
じっぷんでしゅっぱつしま
すよ。

69. 차표를 살 때

A : 부산으로 가는 차표를 주십시오.
　　부산행 열차는 이미 떠났읍니까?
B : 아니요, 아직 안 떠났읍니다. 그러나,
　　이제 10분 있으면 떠납니다.

주● プサン : 부산(釜山).
● まで : ～까지.　● きっぷ : 차표.
● ください : 주십시오.
● プサンゆきの : 부산행의.
● れっしゃ : 열차.　● きしゃ→기차.
● しゅっぱつ : 출발.
● まだです→아직입니다. 아직 안떠났읍니다.
※ 기차여행에 관련된 말
● まちあいしつ→대합실.
● しょくどうしゃ→식당차.
● おうふく→왕복.　● ～ゆき→～행
● のぼりれっしゃ→상행 열차.
● くだりれっしゃ→하행 열차.
● かいさつぐち→개찰구.
● あかぼう→포오터, 역부.
● きっぷうりば→매표소.
● いつでますか→언제 떠납니까?
　언제 출발합니까?

70. ゆくさきをとうとき

A： ところで，プサンへはなにで
いきましょうか。

B： 私はこうそくバスでいこうとお
もっていたんですが。

A： そうですか。

B： 釜山までこうそくバスでどのく
らいかかるんですか。

A： ごじかんたらずでしょう。

B： 釜山までノンストップですか。

A： いいえ，とちゅうでやくじっ
ぷんぐらいやすみます。

70. 행선지를 물을 때

A : 그런데, 부산에는 무엇으로 가십니까?

B : 저는 고속버스로 가려고 생각하고
   있었읍니다만.

A : 그렇습니까?

B : 부산까지 고속버스로 어느 정도
   시간이 걸립니까?

A : 다섯 시간 남짓 걸리겠죠.

B : 부산까지 곧바로 직행하는 것입니까?

A : 아닙니다. 도중에서 약 10분정도
   쉽니다.

주 ● バス→버스(bus).
 ● いこうと→가려고.
 ● まで→ - 까지.
 ● どのくらい→어느 정도.
 ● ごじかん→5시간.
 ● たらず→「たらない」(채 미치지 못함)의문
   어적 표현.
 ● こうそく(高速)→고속.
 ● とちゅう→도중.
 ● こうそくバス→고속버스.

71. ふねのりょこう

A : ふねにはおつよいんですか。

B : あまり強いほうじゃありませんね。

A : そうですか。ぼくもふねによわく
してよくふなよいをするんです。

B : こうべをでてからげんかいなだ
にさしかかるとゆれますね。

A : じゃ,あなたはどうしてふねに
なさるんですか。

B : わたしはべつにいそぐわけでも
ないし,なんといってもふなたび
のほうがたのしいもんですからね。

71. 선박여행

A : 배에는 자신 있으십니까?

B : 그다지 자신있는 편은 아닙니다.

A : 그렇습니까? 저도 배에는 약해서
　　심한 배멀미를 한답니다.

B : 코오베를 출발해서 현해탄에 나오면
　　흔들리지요.

A : 그럼, 당신은 왜 배로 하십니까?

B : 저는 별로 바쁠것도 없거니와, 뭐라고
　　해도 선박여행이 즐겁기 때문이죠.

㈜ ●ふね→배, 선박.
　 ●つよい→강하다, 자신있다.
　 ●よわく→약해서.
　 ●よく→심한, 잘.
　 ●ふなよい→배멀미.
　 ●げんかいなだ→현해탄.
　 ●さしかかる→당도하다. 그곳에 오다. 이르
　　다. 닿다.　　●ゆれます→흔들립니다.
　 ●べつに→별로, 그다지.
　 ●いそぐわけでも→급할 것도, 바쁠 것도.
　 ●ふなたび→선박 여행.

72. せんしつのよやく

A：いっとうせんしつはまだあいて
いますか。

B：いいえ、もうすべてよやくず
みです。

A：ではにとうせんしつのしんだい
をひとつよやくしたいのですが。

B：なんじのびんになさいますか。

A：あさはちじのにのりたいの
ですが。

72. 선실 예약

A : 일등 선실은 아직 남아 있읍니까?

B : 아닙니다. 이미 모두 예약되었읍니다.

A : 그러면 이등 선실 침대 하나 예약하고
　　싶은데요.

B : 몇 시 편으로 하시겠읍니까?

A : 아침 8시에 승선하고 싶은데요.

㊟ ●ふねのり ょこう→선박여행.
　●いっとう→일등.　●せんしつ→선실(船室).
　●ふね→선박, 배.　●まだ→아직.　●あい
ていますか→남아 있읍니까?　●もう→이미.
　●すべて→전체, 전부, 일체.　●よやく→예
약.　●にとうせんしつ→이등 선실.　●しんだ
い→침대.　●ひとつ→하나.　●あさ→아침.
●はちじ→8시.

※ 선박여행에 관련된 말
●はとば→부두.　●ふなたび→배여행.
●ゆれる→흔들리다.
●こう(港)→항구. みなと 라고도 함.
●れんらくせん→연락선.
●かんぱん→갑판.　●せんちょう→선장.

73. ビザ

A : すみません。

B : はい、なんでしょうか。

A : ビザをもらいにきたんですが。

B : にゅうこくのもくてきは
何ですか。

A : かんこうです。

B : おしごととはなんですか。

A : いしゃです。

B : そうですか。はい、けっこうで
す。よいごりょこうを。

A : どうも、ありがとうございました。

73. 비자 (Visa)

A : 실례합니다.

B : 네, 무슨 일인가요?

A : 비자를 받으러 왔읍니다만.

B : 입국 목적은 무엇입니까?

A : 관광입니다.

B : 직업이 무엇입니까?

A : 의사입니다.

B : 그렇습니까? 네, 알았읍니다.

　　즐거운 여행되시길.

A : 감사합니다.

㈜● すみません→실례합니다.

● ビザ→비자 (visa).

● にゅうこく→입국.

● もくてき→목적.

● かんこう→관광.

● いしゃ→의사.

● りょこう→여행.

● おしごと→직업.

● けっこうです→알았읍니다.

● なんでしょうか→무슨 일인가요?

74. パスポート

A : パスポートをみせてください。

B : はい, どうぞ。

A : かんこくにどのくらいたい
ざいのよていですか。

B : やくにしゅうかんです。

A : ほうもんのもくてきはなん
ですか。

B : かんこうです。

A : けっこうです。どうぞよい
御旅行を。

B : どうも,ありがとうございます。

74. 여 권

A : 여권을 보여 주십시오.

B : 예, 여기 있읍니다.

A : 한국에 얼마동안이나 머물 예정이십니까?

B : 약 2주간입니다.

A : 방문의 목적은 무엇입니까?

B : 관광입니다.

A : 좋습니다. 즐거운 여행이 되시기를.

B : 감사합니다.

注 ●みせてください→보여주십시오.
　●パスポート→여권 (passport).
　●かんこく→한국.
　●たいざい→체재.　●よてい→예정.
　●やく→약(略).
　●にしゅうかん→ 2주간.
　●ほうもん→방문.　●もくてき→목적.
　●かんこう→관광.
　●けっこうです→좋습니다.
　●どうぞ→청컨대, 아무쪼록, 제발, 바라건대.
　●どうぞよい御旅行を→제발 즐거운(좋은) 여행을.

75. ひこうきのりょこう

A : ひこうきでいくのははじめて
ですか。

B : ええ, はじめてです。

A : りょこうにひっようなしょるい
はおもちですか。

B : はい, りょけん, ビザ, イエ
ローカードそしてこうくうけん
をもっています。

A : りょこうもくてきはなんですか。

B : かんこうりょこうです。

A : なんじしゃっぱつのびんですか。

75. 비행기 여행

A : 비행기로 떠나기는 처음이십니까?

B : 예, 처음입니다.

A : 여행에 필요한 서류는 가지고
계십니까?

B : 예. 여권, 비자, 주사 카드, 그리고
항공권도 가지고 있읍니다.

A : 여행 목적은 무엇입니까?

B : 관광여행입니다.

A : 몇 시 출발입니까?

주● はじめてですか→처음이십니까?
● ひこうき→비행기.
● りょこう→여행. ● しょるい→서류.
● おもちですか→가지고 있읍니까?
● りょけん→여권.
● ビザ→비자 (visa).
● イエローカード→주사 카드.
● こうくうけん→항공권.
● なんじ→몇 시. ● もくてき→목적.
● なんじしゃっぱつのびんですか→몇시출발
입니까?

76. こうくうけん

A : ニューヨークゆきのカール
ななひゃくななびんにのり
たいのですが。

B : こうくうけんはお持ちですか。

A : はい，ここにあります。

B : それから，せきはどちらのほう
になさいますか。

A : そうですね。あのまえから
さんばんめのまどぎわのとこ
ろにしてください。

B : はい，かしこまりました。

76. 항공권

A : 뉴욕행 대한항공 707을 타려는데요.

B : 항공권을 가지고 계십니까?

A : 예, 여기 있읍니다.

B : 그리고, 자리는 어느쪽으로
　　하시겠읍니까?

A : 글쎄요. 저 앞에서 세 번째의
　　창문곁으로 해 주세요.

B : 예, 알겠읍니다.

주● おもちですか→가지고 계십니까?
　● ニューヨーク→뉴욕 (New York).
　● カル→대한 항공 (KAL).
　● ななひゃくななびん→707편.
　● こうくうけん→항공권.
　● ここに→여기에.
　● せき→좌석.
　● どちらのほうに→어느 쪽으로.
　● あのまえから→저 앞에서부터.
　● さんばんめの→세 번째의.
　● まどぎわ→창가, 창문 곁.
　● してください→하여 주세요. 해 주십시오.
　● あの→저. 저기.　● まえ→앞.
　● まえから→앞에서부터.

77. ぜいかんで

A：パスポートとぜいかんしんこく
　　しょをみせてください。

B：はい，ここにございます。

A：このはこはなんですか。

B：これはせいようにんぎょうです。
　　あけましょうか。

A：何かとくべつにしんこくするも
　　のはありませんか。

B：はい，ありません。

A：いいでしょう。

B：ありがとうございます。

77. 세관에서

A : 여권과 세관 신고서를 보여 주십시오.

B : 예, 여기 있읍니다.

A : 이 상자는 무엇입니까?

B : 이것은 서양 인형입니다.

　　열어볼까요?

A : 무엇이나 특별히 신고할 것은

　　없읍니까?

B : 예, 없읍니다.

A : 좋습니다.

B : 감사합니다.

주● しんこくしょをください→신고서를 주십
　시오.　　●ぜいかん→세관.
● しんこくしょ→신고서.
● ここに→여기에.
● はこ→상자.　　● せいよう→서양.
● にんぎょう→인형.
● あけましょうか→열까요?
● とくべつに→특별히.　　● しんこく→신고.
● ありませんか→없읍니까?
● いいでしょう→좋습니다.
● なにか→무엇이나.

78.　くうこうでむかえ

A：田中さん，ようこそいらっしゃいました。

B：わざわざおでむかえくださってありがとう。

A：いいえ，どういたしまして。

B：このみちは「韓国のいりぐち」のためか，りっぱなものですね。

A：ええ，さいきんはどうろのじょうがだいぶよくなっております。

78. 공항 마중

A : 다나까씨, 잘 오셨읍니다.

B : 일부러 마중나와 주셔서 감사합니다.

A : 아니, 별말씀을.

B : 이 길은 '한국의 입구'의 탓인지
　　훌륭하군요.

A : 예, 요즈음은 도로의 사정이 많이
　　좋아지고 있읍니다.

주● ようこそいらつしやいました→잘 오셨읍
　　니다.　　●田上さん→다나까씨.
●わざわざ→일부러, 특별히.
●でむかえ→마중하다, 출영하다.
●いりぐち→입구.
●りつぱな→훌륭한.
●さいきん→요즈음.
●じじよう→사정
●ため→까닭, 이유, 원인, 목적.

79. よやくしておいたホテルで

A：きのう，でんわでよやくして
おいたパクですが。

B：いらっしゃいませ。
おまちしておりました。
どうぞこちらへ。
しずかでいいへやでございます。

A：もっと小さいへやはありませんか。

B：はい，ございます。

A：よくしつはついていますか。

B：シャワーだけになっております。

79. 예약한 호텔에서

A : 어제, 전화로 예약한 박입니다만.

B : 어서 오십시오.

기다리고 있었읍니다. 이리로 오십시
오. 조용하고 좋은 방이 있읍니다.

A : 좀 더 작은 방은 없읍니까?

B : 예, 있읍니다.

A : 욕실은 붙어 있읍니까?

B : 샤워만으로 되어 있읍니다.

주● よやくしておいた→예약한.

● きのう→어제.

● でんわ→전화. ● でんわでよやくしておい
た→전화로 예약한.

● パク→박 (朴). ● しずか→조용함, 고요함.

● おまちして→기다리고.

● こちらへ→이쪽으로.

● ちいさい→작다. ● へや→방.

● よくしつ→욕실 (浴室).

● シャワー→샤워 (shower).

● おこして→일으켜. 깨워.

80. りょかんで

A：いらっしゃいませ。

B：あいているへやがありますか。

A：はい，どうぞおあがり
くださいませ。

B：しずかなへやがいいんですが。

A：はなれにごあんないいたしま
しょう。どのくらいおとまりで
いらっしゃいますか。

B：2，3日です。このへやはいくら
ですか。こじんまりしていて
いいですね。

80. 여관에서

A : 어서 오십시오.

B : 빈 방이 있읍니까?

A : 예, 어서 올라 오십시오.

B : 조용한 방이 필요한데요.

A : 별채로 안내해 드리지요.
　　얼마나 묵으시겠읍니까?

B : 2, 3 일입니다. 이 방은 얼마입니까?
　　아늑하고 좋은데요.

주 ● ありますか→있읍니까? 사람이나 동물일
　　경우에는 いますか로 해야한다.
　● あいているへや→빈 방.
　● どうぞ→아무쪼록, 부디, 제발, 청컨대.
　● はなれに→떨어져 있는 곳에, 별채에.
　● ごあんない→안내.
　● にさんにち→2, 3 일.
　● こじんまり→작으면서도 청결한 모양.

81. やどちょう

A：やどちょうをとらせて
いただきます。

B：はい，どうぞ。

A：おじゃまいたしました。
すぐおふろになさいますか。
ただいまゆかたをもって
まいりますが。

B：ええ，お願いします。

A：はい，かしこまりました。

81. 숙박계

A : 숙박계를 적어 주십시오.
B : 예, 여기 있읍니다.
A : 폐가 되었읍니다. 곧 목욕탕에
　　드시겠읍니까? 지금 유가다를 가져다
　　드리겠읍니다.
B : 예, 부탁합니다.
A : 네, 알겠읍니다.

㊟ ●やどちょう→숙박계.
　 ●とらせる→받아들이게 하다. 받게 하다. 가
　　지게 하다.
　 ●いただく→(받다)의 공손한 말.
　 ●じゃま→방해, 장해.　●おじゃまいたしま
　　した→폐를 끼쳐드렸읍니다.
　 ●すぐ→곧.
　 ●ふろ→목욕, 목욕하는 일.
　 ●ゆかた→목욕후 또는 여름에 입는 홑옷.
　 ●たのむ→의지하다. 바라다. 원하다. 맡기다.
　 ●ただいま→지금.
　 ●おねがいします→부탁합니다.
　 ●かしこまりました→알겠읍니다.

82. へやのあんない

A：おきゃくさま, どうぞこちらへ。

B：カバンがおもいでしょう。

A：いいえ, そうでもありません。
エレベーターにどうぞ。

B：ななかいでしたね。

A：さようでございます。
さあ, ななかいにつきました。
このおへやでございます。

B：どうもごくろうさま。

82. 방 안내

A : 손님, 이리로 오십시오.

B : 가방이 무겁죠?

A : 아닙니다. 그렇지도 않습니다.
　　엘리베이터에 타십시오.

B : 7층이지요?

A : 예, 그렇습니다.
　　자, 7층에 다왔읍니다.
　　이 방입니다.

B : 수고했어요.

주● こちらへ→이리로, 여기로, 이곳으로.
● おきゃくさま→손님.
● カバン→가방.
● おもい→무겁다, 중요하다.
● そうでも→그렇지도.
● エレベータ→엘리베이터 (elevator).
● ななかい→7층.
● つく→다다르다, 도착하다, 닿다.
● へや→방.
● どうもごくろうさま→수고했읍니다.

83.　しんぶんをねがうとき

A：ああ，もしもし，フロントですね。
202ごうしつですが。
しんぶんをもってきて
くれませんか。

B：はい，　かしこまりました。
しんぶんをもってまいり
ました。

A：どうもありがとう。

83. 신문을 부탁할 때

A : 아, 여보세요. 후론트지요?
　　202호실인데요.
　　신문 좀 가져다 주지 않겠읍니까?
B : 예, 알겠읍니다.
　　신문을 가져 왔읍니다.
A : 고마워요.

주● もしもし→여보세요, 이봐요, 이것봐, 여보.
　● フロント→후론트(front).
　● にひゃくにごうしつ→202호실.
　● しんぶん→신문.
　● もって→가지고.
　● まいりました→まいる(가다)의 겸양어.(오
　　다)의 겸양어. 왔읍니다.
　● かしこまる→황송해 하다. 죄송해 하다.
　　(알다)의 겸손어.
　● きてくれませんか→주지 않겠읍니까?
　● どうきありがとう→고맙습니다.

84. ルーム・メイド

A : ルーム・メイドがいますか。

B : はい，なにかごようでしょうか。

A : ちょっときてくれませんか。

B : はい，かしこまりました。

C : およびになりましたか。

B : ええ，何かかんたんなしょく
じができませんか。

C : えびフライかかきフライなど
はいかがでございましょうか。

A : それじゃ，えびフライにしよう
かなそれからミルクと。

84. 룸 메이드

A : 룸 메이드가 있읍니까?
B : 예, 무슨 용무가 계십니까?
A : 좀 와 주지 않겠읍니까?
B : 예, 잘 알았읍니다.
C : 부르셨읍니까?
B : 예, 뭔가 간단한 식사를 할 수
　　없을까요?
C : 새우 튀김이나 굴 프라이 등은
　　어떻겠읍니까?
A : 그러면, 새우튀김 조금하고
　　그리고, 밀크도.

주● ごようでしようか→일 (용무) 이 있읍니까?
　● ルーム・メイド→루움 메이드 (room maid).
　● なにか→뭔가.　● ちょっと→좀, 잠깐.
　● かんたんな→간단한.　● しょくじ→식사.
　● かきフライ→굴 프라이 (fry).
　● えびフライ→새우 튀김.
　● など→～등등.　● それから→그리고,

85. ナイト・クラブ

A：このホテルにナイト・クラ
ブが ありますか。

B：ええ, ございます。

A：わあ, このクラブのそうちは
とてもすてきですね。

B：もうすぐショーがはじまり
ますよ。

85. 나이트 클럽

A : 이 호텔에 나이트 클럽이 있읍니까?
B : 예, 있읍니다.
A : 야! 이 클럽의 장치는 대단히
　　훌륭하군요.
B : 이제 곧 쇼가 시작될 모양입니다.

주● ナイト・クラブ→나이트 클럽 (night club).
● そうち→장치.
● とても→매우, 대단히, 심히.
● すてき→우수한 모양, 근사한 모양.
● もう→멀지 않아.　● すぐ→즉시, 곧.
● ショー→쇼 (show).　● はじまる→시작되다.
● はじまりますよ→시작될 것 같읍니다.
※ 호텔에 관련된 말
● バースルーム→욕실 (bath room).
● ふろ→목욕.　● ねどこ→잠 자리, 침상.
● ふとん→이부자리.　● ベッド→베드 (bed).
● シャワー→샤워 (shower).

86. じゅくはくりょうのかんじょう

A：私は,にひゃくにじゅうごうしつのキムですが,おかんじょうをおねがいします。

B：ありがとうございます。少少おまちください。こんなに早くおたちになるんですか。

A：ええ，しごとのつごうでね。

B：そうですか。

86. 숙박료 계산

A : 나는 220호실의 김입니다만,
　　계산 부탁드립니다.

B : 감사합니다. 잠시 기다려 주십시오.
　　이렇게 빨리 떠나십니까?

A : 예, 일 때문에요.

B : 그렇습니까?

주 ● キムですが→김입니다만.
　● にひゃくにじゅうごしつ→220호실.
　● かんじょう→계산.
　● ねがいます→바랍니다. 부탁합니다.
　● しょうしょう→잠깐, 잠시.
　● おまちください→기다려 주십시오.
　● しごと→일, 작업.
　● つごう→형편, 사정.
　● こんなに→이렇게.
　● はやく→빨리.
　● しごとのつごうでね→일 때문이지요.

87. きこう

A : かんこくのきこうはどうですか。

B : かんこくはおんわなきこうだと
おもいます。

A : あなたのくにのきこうはどうで
すかあついですか。

B : いいえ, すずしいです。

87. 기 후

A : 한국의 기후는 어떻습니까?
B : 한국의 기후는 온화하다고 생각합니다.
A : 당신네 나라 기후는 어떻습니까?
　　덥습니까?
B : 아니오, 서늘합니다.

주 ● かんこく→한국.
　● きこう→기후.
　● どうか→어떤가.　● どうですか→어떻습니까?
　● おんわ→온화.
　● おもいます→생각합니다.
　● あつい→덥다.　● あついですか→덥습니까?
　● すずしい→서늘하다, 시원하다.
※ 날씨에 관한 단어
　● おんど→온도.　● しっき→습기.
　● さむい→춥다.　● あつい→덥다.
　● きおん→기온.　● あたたかい→따뜻하다.

88. きせつ

A : かんこくでいちばんいいきせつ
はいつですか。

B : いちねんじゅうであきがいち
ばんすてきですね。

A : ソウルのふゆはさむいですか。

B : はい，ソウルの冬はたいへん
寒いです。

A : とおきょうのなつのきこうは
どうですか。

B : うだるようなあつさですよ。で
すから，あつくてたまりませんよ。

88. 계 절

A : 한국에서 가장 좋은 계절은
　　언제입니까?
B : 일년 중에서 가을이 제일 좋습니다.
A : 서울의 겨울은 춥습니까?
B : 예, 서울의 겨울은 매우 춥습니다.
A : 도오꾜오의 여름 기후는 어떻습니까?
B : 찌는듯한 더위지요.
　　그래서, 더워 견딜 수 없읍니다.

주● いつですか→언제입니까?
　● いちばん→제일, 가장.
　● いい→좋다. ● きせつ→계절.
　● いちねん→일년. 「いちねんじゅう」: 일년중.
　● すきです→좋습니다.
　● ふゆ→겨울. ● さむい→춥다.
　● なつ→여름.
　● うだる→더위로 인해 약해지다. 나른해지다.
　● あつさ→더위. ● あつくて→더워서.
　● ですから→그러므로
　● たまりませんよ→견딜 수 없군요.

89. はる

A：はるだというのにまだ
　　さむいですね。

B：ええ，ほんとに。なんだか
　　ふゆよりももっとさむいよう
　　なきがしますね。

A：でも…。ほら，むこうのほうを
　　みてください。むらさきのか
　　すみがかかって…。

B：あっ，ほんとうですね。

A：やっぱりはるですね。

89. 봄

A : 봄이라고 하지만 아직 춥군요.

B : 예, 정말이예요. 어쩐지 겨울보다 더
추운 것 같은데요.

A : 하지만….
저기, 저쪽을 보세요. 보라빛
아지랑이가 서리고….

B : 아 ! 정말 그렇군요.

A : 역시 봄이예요.

주 ● まだ→아직. ● さむいですね→춥군요.
● はる→봄. ● ほんとに→정말, 참으로, 진실
로.
● なんだか→어쩐지, 왠지.
● より→~보다. ● もっと→더, 더욱, 그위에.
● ような→~같은, ~처럼.
● むこう→저 쪽, 저 편. ● むらさき→보라색.
● かすみ→안개. 안개가 낌. 뿌옇게 잘 보이
지 않는 현상.
● やっぱり→전과 같이, 본디대로, 원래대로
● やっぱり→역시.
● ほんとうですね→정말 그렇군요.

90. ちかてつ

A：ソウルにちかてつがあり
ますか。

B：ありますよ。

A：こみませんか。

B：こみません。それにとても
きれいではやいのできもちが
いいですよ。

A：いいですね。いつかいっ
しょにのってみましょう。

B：ええ, そうしましょう。

90. 지하철

A : 서울에 지하철이 있읍니까?
B : 있고 말고요.
A : 붐비지 않습니까?
B : 붐비지 않습니다. 거기에다 매우 깨끗
    하며 또, 빨라서 아주 기분이 좋습니다.
A : 좋군요. 언제 한 번 같이 타 봅시다.
B : 예, 그럽시다.

주 ● ソウルに→서울에.
　 ● ちかてつ→지하철.　●ありますよ→있고 말
　　고요.
　 ● こむ→가득차다, 붐비다.
　 ● とても→매우, 퍽.
　 ● きれい→아름다운 모양, 깨끗하고 맑은 모양
　 ● はやいので→빨라서, 빠르기 때문에.
　 ● いつか→언젠가.
　 ● いっしょに→함께, 같이, 더불어.
　 ● のってみましょう→타 봅시다.
　 ● のる→타다.
　 ● そうしましょう→그럽시다.
　 ● みましょう→봅시다.

91. にぎやかなところ

Ａ：ソウルでいちばんにぎやかなところはどこですか。

Ｂ：それはもちろん明洞ですよ。

Ａ：そうですか。
しょうてんがいなんかもあるんでしょう。

Ｂ：もちろんですよ。

Ａ：じゃ，これからいちばのけんぶつにでもいってみませんか。

Ｂ：ええ，そうしましょう。

91. 번화한 곳

A : 서울에서 제일 번화한 곳은
　　어디입니까?

B : 그것은 물론 명동이지요.

A : 그렇습니까?
　　상가도 있는 거죠?

B : 물론입니다.

A : 그럼, 이제부터 시장구경이라도
　　가보지 않겠읍니까?

B : 예, 그렇게 하시죠.

主 ●にぎやかなところ→번화한 곳.
　●ソウル→서울.
　●いちばん→제일.
　●にぎやか→흥청거림, 번화함.
　●もちろん→물론.
　●けんぶつ→구경, 관람.
　●じゃ→「である」의 약어인 「では」가 변화된
　　것. ～하다, ～하냐, 그러면.
　●しょうてん→상점, 가게.
　●そうしましょう→그렇게 하시죠.

92. みちのあんない

A： きょうはまずぎんざへ
いきましょう。

B： ぎんざへはタクシーでいくん
ですか。

A： いいえ，きょうはこくてつに
のっていきましょう。

B： これがやまのてせんというん
ですね。

A： そうです。

B： もうゆうらくちょうについた
ようですね。

92. 길 안내

A : 오늘은 우선 긴자에 가 보십시다.

B : 긴자에는 택시로 가는 겁니까?

A : 아니요, 오늘은 국철을 타고 갑시다.

B : 이것이 야마테선이라고 하는
   것이지요?

A : 그렇습니다.

B : 벌써 유꾸라죠오에 도착한듯 합니다.

주 ● きょう→오늘. ● ぎんざ→긴자 (거리).
  ● まず→우선, 먼저.
  ● タクシー→택시.
  ● こくてつ→국철(國鉄).
  ● のって→타고.
  ● やまのてせん→야마테선(線).
  ● ゆうらくちょう→유락정(有樂町).도오꾜오
    거리 이름.
  ● いくんですか→가는 겁니까?

93. きしゃのりょこう

A：東京行きのとっきゅうのなかで
も「ひかり」号がいちばんはや
いんですか。

B：ええ、そうです。

A：まったくはやいですね。そとを
みてるとめがまわりますね。

B：ええ、このしんかんせんは
とうかいどうせんのなかでも
あたらしくつくられたものなん
ですよ。

93. 기차 여행

A : 도오꾜오행 특급 열차 중에서도
　　「히까리」가 제일 빠른 것입니까?

B : 예, 그렇습니다.

A : 매우 빠르군요. 바깥을 내다보면,
　　아찔한데요.

B : 예, 이 신간선은 동해도선 중에서도
　　새로 만든 선로인데요.

주 ● まったく→매우, 무척.
　 ● とうきょうゆき→도오꾜오행.
　 ● とっきゅう→특급.
　 ● はやいんですか→빠른 것입니까?
　 ● そと→바깥.
　 ● めがまわります→(눈이 핑핑 돈다)는 뜻.
　　　아찔합니다.
　 ● あたらしく→새로이, 새롭게.
　 ● つくられた→만들어진.

94. タワーで

A : きょうはとうきょうタワーへ
あんないいたします。

B : そうですか。
あっ,あれがとうきょうタワー
ですね。

A : そうです。

B : ずいぶんたかいんですね。

A : タワーのたかさは三百三十三
メートルです。

B : いや,ここからとうきょうとな
いがひとめでみられますね。

94. 타워에서

A : 오늘은 도오꾜오 타워에 안내하지요.

B : 그렇습니까?

아, 저것이 도오꾜오 타워군요.

A : 그렇습니다.

B : 굉장히 높군요.

A : 타워의 높이는 3백3십3미터

입니다.

B : 야! 여기에서 도오꾜오 시내가 한

눈에 보이는군요.

주 ●あんないいたしましょう→안내해 드리
지요.　　●とうきょう→도오꾜오, 동경.
●タワー→타워 (tower).
●ずいぶん→퍽, 몹시, 아주.
●たかい→높다.　●メートル→미터 (meter).
●いや→야아! (감탄사).　●とない→도내(동
경시내)　●とくべつ→특별.　●てんぼうだ
い→전망대.
●ここから→여기에서.
●ひとめで→한 눈에
●みられますね→보이는군요.

제 3 장

일본어 회화를 위한

기본 단어

♣이 장(章)에서는 일본어 회화에 필요한 기본 단어를 가려뽑아 실었다. 일본어를 처음 공부하는 독자들을 위하여 찾아보기 쉽도록 사전식으로 편집을 하였다.

あ

ああ	아ㅡ, 오ㅡ 무엇을 느끼고 내는 소리.
あい	사랑
あいする	사랑함
あいかわらず	변함없이, 여전히
あいこく	나라를 사랑함.
あいさつ	인사
あいじん	사랑하는 사람
あいず	신호
あいだ	사이, 간격
あいで	상대
あいらしい	사랑스럽다, 귀엽다
あう	맞다, 만나다
あお	파랑
あおい	파랗다, 푸르다
あか	빨간 빛
あかい	빨갛다, 붉다
あがる	오르다, 남의 집을 방문하다
あき	가을
あきらめる	단념하다
あく	열다
どを あけなさい	문을 여시오
あげる	올리다, 드리다, 주다
あげましょう	드리겠읍니다.
あさ	아침
あし	발, 다리
あじ	맛
あじがいい	맛이 좋다
あした	내일
あす	내일
あせ	땀
あそこ	저기, 저쪽
あそぶ	놀다(놀이), 직업이 없이 지내다
あたたかい	따뜻하다
あたま	머리
あち	저곳＝あちら
あつい	두껍다
あつい	덥다, 뜨겁다
さむい	춥다
あつまる	모이다
あと	뒤, 끝난 다음

あと	자국
あなた	당신
	상대를 높여 부르는 말
あに	형
あの	저, 그
あのかた	저분
あぶない	위험하다, 위태롭다
あぶら	기름
あほう	바보, 천치
あま	여승, 비구니
あまい	달다(맛이)
からい	짜다, 쓰다
あまり	나머지, 너무
	지나치게
あまり おもしろく ありません	그다지 재미있지 않읍니다.
あめ	비
あめが ふる	비가 오다
あやしい	이상하다, 수상하다
あらう	씻다, 빨다
あらいます	씻읍니다
あらし	심한 바람, 폭풍우
ありがたい	고맙다
ありがとう ございます	고맙습니다.
ある	있다
あります	있읍니다
あるく	걷다
あるきます	걷습니다
あれ	저이, 저것
あんしん	안심
あんぜん	안전
あんない	안내

い

いい	좋다
いいです	좋읍니다
いえ	집, 자기 집
いく	가다
いきます	갑니다
いくら	얼마, 어느 정도
いくらですか	얼맙니까
いさましい	용감하다
いし	돌
いしゃ	의사
いす	의자
いぜん	이집, 그 전에
いそがしい	바쁘다, 급하다
いたい	아프다
	고통을 느끼다
いただく	받다,
	もらうの 공손한 말
いただきました	받았읍니다
いち	하나
いちえん	일원
いちじ	한시
いちにち	하루
いちど	한번
いちまい	한장
いちょう	은행나무
いつ	언제, 어느 때
いっかい	일층, 한번
にかい	이층, 두번
さんかい	삼층, 세번
いっしゅうかん	일주일, 한주일
いっしょ	함께
いっしょに いきましょう	함께 갑시다
いっぱい	가득차는 것, 한잔
いど	우물, 실
いとこ	종형제

いなか	시골
いなびかり	번개
いぬ	개(犬)
いのち	목숨, 생명
いのる	기도드리다, 빌다
いのります	빕니다
いふく	의복, 옷
いま	현재, 지금
います	いる(있다)의 높임말
いままで	지금까지
いみ	뜻, 의미
いもうと	여동생
いや	싫은 모양, 꺼림직한 모양
いやです	싫읍니다
いやながら	싫으면서
いやしい	천하다 (지위, 신분)
いよいよ	점점, 더욱 더, 드디어, 결국
いれる	넣다
いろ	색, 빛깔
いろいろ	여러가지 가지각색
いわ	바위
いわう	경축하다
おいわいします	축하합니다

う

うえ	위
つくえの うえに—	책상 위에—
うお	물고기

うおいちぱ	생선시장
うける	받다
うけつけ	접수, 수부
うごく	움직이다
うごきます	움직입니다
うし	소
うしろ	뒤
うすい	얇다
あつい	두껍다
うそ	거짓말
うた	노래
うたを うたいます	노래를 부릅니다
うち	집
うつ	두드리다, 치다
うで	팔
うどん	일본식 국수
うま	말
うまい	맛있다
うまれる	태어나다
うみ	바다
うら	배후, 뒤
おもて	앞, 전면
うる	팔다
うります	팝니다
うるさい	시끄럽다, 귀찮다
うれしい	기쁘다, 즐겁다
うんどう	운동
うんどうかい	운동회
うんめい	운명

え

え	그림
えいが	영화
えき	역, 정거장

えらい　　　훌륭하다,
　　　　　　위대하다
えり　　　　옷깃, 동정
えんがわ　　툇마루
えんそく　　소풍
えんとつ　　굴뚝, 연통
えんぴつ　　연필
えんりょ　　사양
　　　ごえんりょなく―
　　　　　　사양말고

お

お　　　　　꼬리
おいで　　　でる(나감),
　　　　　　いく(감),
　　　　　　くる(옴),
　　　　　　おる(있음)의 높임말
　　　おいで ください
　　　　　　와 주십시오
おおい　　　많다
おおきい　　크다
　　　おおきな き　큰 나무
おおく　　　흔히, 대개
おかあさま　어머니
　　　おかあさん 보다 높이는 말
おかしい　　우습다, 수상하다
おかね　　　돈의 높인 말
　　　かね　돈
おきる　　　일어서다,
　　　　　　(잠이)깨다
おく　　　　두다, 놓다
　　　おきます 둡니다
　　　おきなさい
　　　　　　일어나셔요
おくさま　　남의 아내를 높임말
おくる　　　보내다, 전송하다

おこる　　　성내다, 노하다.
おし　　　　벙어리
おじいさん　할아버지
おそい　　　느리다, 늦다,
　　　　　　시간이 걸리다
おそろしい　무섭다, 걱정스럽다
おちる　　　떨어지다
おとうと　　남자 동생
おとこ　　　남자
おどり　　　춤을 추는 것
　　　おどる　춤추다
おどろく　　놀라다
　　　おどろいた　놀랬다
おばあさん　할머니
おはなし　　이야기의 높임말
おはよう　　아침인사
　　　おはようございます
　　　　　　안녕히 주무셨어요
おぼえる　　느끼다, 깨닫다,
　　　　　　기억하다
おまえ　　　너, 자네,
　　　　　　손아래 사람에게 씀
おめでたい　기쁜 일
　　　おめでどうございます
　　　　　　축하합니다,
　　　　　　경축합니다.
おもて　　　거죽, 표면
おもしろい　재미있다
おる　　　　있다. いる
おんがく　　음악
おんな　　　여자

か

がいこく　　외국
　　　がいこくじん　외국인

がいとう　　　外套
かう　　　　　사다
　　　かいます　삽니다.
かえり（ます）
　　　　　　　돌아옴
かえる　　　　개구리
かお　　　　　얼굴, 체면
かがみ　　　　거울
かがやかしい
　　　　　　　빛나다
かき　　　　　울타리, 감(柿)
かぎ　　　　　열쇠 또는 자물쇠
かきかた　　　습자, 쓰는 법
かく　　　　　쓰다
　　　かきます　씁니다
かくしょ　　　각처, 여러곳
がくせい　　　학생
がくもん　　　학문
かくれる　　　숨다
かげ　　　　　그늘, 그림자
かける　　　　걸다
かご　　　　　바구니, 가호
かさ　　　　　우산, 양산
かざり　　　　장식물
　　　かざる　　장식하다
かし　　　　　과자
かじ　　　　　화재
かしら　　　　머리, 두목
かす　　　　　빌려주다
　　　かします　빌려줍니다
　　　かしてください
　　　　　　　빌려주십시오
かず　　　　　수
かぜ　　　　　바람
かぜ　　　　　감기
　　　かぜを　ひきました
　　　　　　　감기가 들었읍니다
かぞえる　　　수를 세다
かぞく　　　　가족

かた　　　　　사람을 존경해서 하는
　　　　　　　말
　　　あのかた　저분
かた　　　　　어깨
かたい　　　　단단하다, 굳다
かたき　　　　적, 원수
かたち　　　　모양, 형태
かたむく　　　기울어지다
　　　かたむける　기우리다
かちく　　　　가축
かつ　　　　　이기다
かっこう　　　학교
かっこく　　　각국
かど　　　　　모난귀퉁이, 길모퉁이
かな　　　　　일본글
　　　　＝かなもじ
かならず　　　반드시, 확실히
かなり　　　　대략, 어느 정도
かね　　　　　돈　＝おかね
かねもち　　　부자
かのじょ　　　그 여자
かばん　　　　가방
かびん　　　　꽃병
かぶき　　　　일본고유의 연극
かぶせる　　　덮다, 덮어 씌우다
かぶる　　　　머리에 쓰다
　　　ぼうしを　かぶる
　　　　　　　모자를 쓰다
かべ　　　　　벽
かま　　　　　솥
かま　　　　　낫
がまん　　　　참는 것, 참을성
　　　がまんする　참다
かみ　　　　　종이
かみ　　　　　머리털
かみそり　　　면도칼
かみなり　　　천둥, 우뢰
かむ　　　　　물다, 씹다
かも　　　　　들오리

からかう　　야유하다, 놀리다
ガラス　　　유리
かりる　　　빌리다
　　　ちからを かりる
　　　　　　힘을 빌다
かるい　　　가볍다
かれ　　　　그사람, 그
かれら　　　그들
かわ　　　　옆, 곁, 개울
　　　みぎかわ 바른쪽
かわいい　　귀여운
かわいらしい
　　　　　　귀엽다
かわしも　　하류
　　　かわかみ 상류
かわら　　　기왓장
かわり　　　대신
　　　かわりに 대신으로
かわる　　　다르게 되다,
　　　　　　변하다
かんがえる　생각하다
かんげい　　환영
かんこく　　한국
かんごふ　　간호부
かんさい　　관서지방
かんじ　　　한자
かんしゃ　　감사
　　　かんしゃします
　　　　　　감사드립니다
かんじょう　감정
かんぜん　　완전
かんたん　　간단
かんちょう　관청
かんづめ　　통조림
かんばる　　버티다, 견디다
かんばん　　간판

き

き　　　　　나무
　　　さくらのき　벗(꽃)나무
きいろ　　　노란색
　　　きいろい はな　노란꽃
きえる　　　불이 꺼지다
　　　　　　녹아서 없어지다,
　　　　　　사라지다
きかい　　　기계
きかい　　　기회
きく　　　　듣다
　　　きこえる 들리다
きく　　　　국화
きこう　　　기후, 날씨,
　　　　　　들어보자
　　　きこうが わるい
　　　　　　날씨가 나쁘다
ぎし　　　　기사(技師)
きしゃ　　　기차
ぎじゅつ　　기술
きず　　　　흠, 상처
きせる　　　입히다
きそ　　　　기초
きそく　　　규칙
きた　　　　북(北)
きたない　　더럽다
きつね　　　여우
きっぷ　　　차표, 입장권
きぬ　　　　비단
きねん　　　기념
きのう　　　어제
きのどく　　가엾게 여김,
　　　　　　(남의 고통이나 슬픔
　　　　　　을)불쌍하다
きびしい　　엄격하다, 심하다

きめる	정하다
きめました	정했읍니다
きもの	옷(일본 옷)
きゃく	손님, おきゃく
きゅう	아홉(九)
きゅう	급함
きゅうなようじ	급한 일
きゅうくつ	거북스러운 모양
きゃうこう	급행 － れっしい 급행열차
きゃうしゅう	일본 서남쪽에 있는 큰 섬
きゅうじょう	궁성 : 일본 천황이 사는 곳
きゅうにく	쇠고기
ぎゅうにゅう	우유
きゅうり	오이
きよい	맑다, 깨끗하다
きょう	오늘
ぎょういく	교육
きょうかい	교회
きょうぎ	경기
ぎょうぎ	기거동작, 예전
ぎょうぎが わるい	행실이 나쁘다
ぎょうじ	행사
きょうそう	경주, 서로 겨룸
きょうだい	형제
きょうり	고향
きょけつ	지난달
きょり	거리
きらい	싫음, 마음에 들지 않음
きらいなひと	싫은 사람
きる	(옷을)입다
きれい	깨끗하다, 아름답다

きれいな はな	고운꽃
きん	금(金)
ぎん	은(銀)
きんぎょ	금붕어
ぎんこう	은행
きんじょ	근처, 가까운 곳 이웃
きんじる	금지하다

く

く	아홉
ぐあい	형편, 방법
くう	먹다
ぐうぜん	우연
くうそう	공상
くうちゅう	공중
くがつ	구월(九月)
くくる	묶다
くぐる	틈으로 들어가다
くさ	풀
くさい	구리다, 수상하다
くさり	쇠사슬
ぐずぐす	우물쭈물
くすり	약(藥)
くせ	버릇
ください	주십시오
くださる	주시다
くだされる	웃사람이 주시다
くだらない	시시하다
くち	입
くちべに	입술연지
くつ	구두
くに	나라, 고향
くび	목, 머리

くふう	연구, 여러가지로 방법을 생각함
くま	곰
くも	구름
くも	거미
くもり	흐림
くらい	어둡다
ぐらい	…쯤
くり	밤(栗)
くる	오다
くるしい	괴롭다, 곤난하다
くるま	차(車)
くれる	주다
くろう	괴로움, 고생
くわえる	더하다, 보태다
くわしい	자세하다
ぐんたい	군대

け

けいえい	경영
けいかく	계획
けいかん	경관, 경찰관
けいき	경기
けいけん	경험
けいこ	공부, 연습
けいざい	경계
けいざん	계산
けいしゃ	일본 기생
げいじゅつ	예술
けいほう	경보
けいれい	경례
けが	상처, 부상
げき	연극
けさ	오늘 아침

けしき	경치
けしょう	화장
けた	왜나막신
けちんぼう	인색한 사람
けっか	결과
げっきゅう	월급
けっこう	괜찮다, 충분하다　もうけっこうです　이제 괜찮습니다
けっこん	혼인
けっして	결코, 어떤 일이 있어도
けっしん	결심
けなす	비방하다, 헐뜯다
けむり	연기　けむたい　맵다
げり	설사
ける	걷어차다
けわしい	험하다, 가파르다
けんか	다툼, 싸움
けんかん	현관
げんき	기운이 왕성한 모양
げんきん	현금
けんこう	건강
げんざい	현재
げんだい	현대
けんり	권리

こ

ご	다섯
こい	잉어
こい	연애, 이성간의 사랑　こいびと　애인
こうえん	공원
こうかい	후회, 뉘우침

こうぎょう	공업
こうずい	홍수, 큰물
こえ	목소리
こえる	위로 넘다
こおる	얼다
ここ	여기, 이곳
こころ	마음
こころざし	뜻, 결심
こころよい	즐겁다
ございます	ある의 높임말
こし	허리
こしかけ	의자, 걸상
ごじゅう	쉰(五十)
こすい	교활하다
ごぜん	오전(午前)
こたえ	응답, 답안
ごちそう	맛있는 음식
ごちそうさま	대접을 받았을 때 인사말
こちら	이쪽, 여기
こっか	국가
こっそり	살짝, 몰래
こづつみ	소포
こと	거문고
ことし	금년
ことづけ	전갈
ことに	특히, 더구나
ことば	언어
こども	어린이
この	이
このかた	이사람의 높임말
このむ	좋아하다
このように	이 모양으로, 이와같이
ごはん	밥의 공손한 말
こぼす	흘리다, 엎지르다.
こまかい	잘다, 세밀하다.
ごまかす	속이다, 거짓꾸미다
こまる	난처하다, 곤란하다
ごみ	먼지, 쓰레기
ごみため	쓰레기를 버리는 곳
こむ	붐비다
こめ	쌀＝おこめ
ごめんなさい	용서해 주십시오. 방문 이별등의 인사말
こや	작고 허름한 집
こよみ	책력, 달력
こらえる	참다
こりる	넌더리내다.
これ	이것
これまで	지금까지
ごろ	무렵
ごがっごろ	五월께
ころがる	굴러가다, 넘어지다
ころす	죽이다
こわい	무섭다, 두렵다
あとが こわい	뒤가 겁난다
こわす	부수다
こわれる	깨지다
こんげつ	이달
こんご	금후, 이후
こんじょう	타고난 마음씨
こんな	이와같은, 이러한
こんにち	오늘
こんにちは	안녕하십니까(낮인사)
こんねん	금년
こんばん	오늘밤
こんばんは	안녕하십니까 (저녁인사)

さ

さいきん	최근, 요사이
さいご	최후
さいご	끝, 마지막
さいしょ	최초
さいそく	재촉
さいばん	재판
さいふ	돈지갑
さいよう	채용
さえ	…까지도, …조차
さえずる	(새가) 지저귀다
さか	고개, 비탈진 곳
さき	앞, 끝
さきごろ	일전, 요전
さく	(꽃이) 피다
さくら	벗나무
さけ	술=おさけ
ざいりょう	재료(材料)
さけ	연어
さける	피하는
さじ	숟가락
さしあげる	드리다, 바치다
さしあたり	당장, 우선
さしこみ	밀어넣음, (전기)콘센트
さしつかえ	지장이 (생기다)
さしひかえる	삼가하다, 사양하다
さしみ	생선회
さす	찌르다
さすが	과연, —인 만큼, 소문처럼, 예정대로
さっき	앞서, 아까
ざっし	잡지

さっそく	곧, 빨리
さて	그런데, 그래서, 딴 화제로 옮길 때 쓰는 말
さと	시골, 고향
さといも	토란
さとる	알아차리다, 깨닫다
さば	고등어
さびしい	쓸쓸하다 섭섭하다
ざぶとん	방석
さま	남의 이름아래 붙이는 높임말
さまよう	방황하다
さむい	춥다
さめる	깨다 (술 또는 잠)
さら	접시
さらに	다시 한번
さるまた	짧은 속옷, 팬츠
さわがしい	시끄럽다 떠들썩하다
さわぐ	떠들어대다
さん	셋
さん	남의 이름밑에 붙이는 말, 님
さんがつ	삼월
さんぎょう	산업
さんこう	참고
さんざん	심한 모양, 보기에 민망할 지경으로 지거나 혼이나는모양
さんじ	세시
さんじゅう	서른
さんじゅつ	산술, 산수
さんせい	찬성
さんち	생산지
さんぱつ	이발

し

しぶつ	산물
し	도시 (市)
じ	글씨
しあさって	모레의 다음날 글피
しお	소금
しか	一밖에, 한정해서, 부정할 때
しか	사슴
しがい	시외
しかく	가격
しかし	그러나, 그렇지만
しかた	방법, 수단
しかたがない	할 수 없다, 부득이하다
じかん	시간
しきふ	요에 까는 천
しきりに	몇번이고 열심히
しく	깔다
しくじる	실패하다
しけん	시험
しし	사자
しじょう	시장
じしん	자신, 자기
じしん	지진 (地震)
しずむ	물속에 잠기다
しぜん	자연
した	아래
した	혀
したがって	따라서, 그러니까
したく	준비, 차비
しち	일곱

じつ(は)	실제의 사실을 말하자면
しっかり	확고히, 똑똑히
しっかりしろ	정신차려라
じっさい	실제
して	그리하여, 그리고, …고, …서
しては	…로 봐서는, …게 친다면
しても	…이라도, …라고 해도
じどうしゃ	자동차
しぬ	죽다
しばらく	잠깐, 오래간만
じふん	자기, 자신
しほう	사방
しぼう	사망
しぼる	비틀어 짜다
しま	섬 (島)
しまう	끝나다
みせをしまう	가게를 닫다
しまった	아차, 실패했을 때의 감탄사
しめる	매다, 닫다, 단속하다
もんをしめる	문을 닫다
しも	서리
しゃかい	사회
しゃく	척 (尺)
しゃくし	국자, 주걱
しゃっきん	돈을 꿈, 빚
しゃべる	지껄이다
しゃみせん	일본의 현악기
しゃれる	멋을 내다, 사치부리다
じゅう	열 (十)
じゆう	자유

じゅうしょ	주소
じゅうだい	중대, 중요한 모양
じゅうにがつ	
	십이월
じゅうやく	중역
しゅうよう	수양
じゅうよう	중요
しゅえい	수위
	경비하는 사람
しゅくじつ	축제일
しゅしょう	수상,
	내각의 우두머리
しゅと	수도, 서울
しゅみ	취미
じゅわき	(전화)수화기
じゅんさ	순경
しょうがっこう	
	국민학교
しょうぎょう	상업
しょうこ	증거
しょうこう	장교
しょうじ	미닫이
しょうじょ	소녀,
	나이어린 처녀
しょうしょう	
	소장(小將), 약간
じょうず	능숙함
しょうせつ	소설
じょうだん	농담
しょうち	알아들음
しょうちしました	
	알았읍니다.
しょうてん	상점
しょうねん	나이어린 남자,
	소년
しょうばい	장사
しょうめい	증명
しょうめいしょ	
	증명서

しょうらい	장래
しょき	서기
しょくどう	식당
じょせい	여성
しょっこう	직공
しょるい	서류, 문서
しらべる	조사하다
しり	엉덩이
=しりっぽ	
しる	알다, 인정하다
しるし	표적
しろうと	경험이 없는 사람
じんこう	인구
しんさつ	진찰
しんし	신사
しんせき	친척=しんるい
しんせつ	친절
しんねん	새해
しんぶん	신문
しんぼう	참고 견딤

す

す	둥지·とりのす
す	먹는 초
すいか	수박
すいじ	부엌일, 밥을 지음
ずいぶん	몹시, 아주, 퍽
すう	수(數)
すうじ	숫자
ずうずうしい	
	뻔뻔스럽다
すがお	화장하지 않은 얼굴
すき	좋아함
すきなひと	좋은 사람
すき	틈, 헛점
すく	좋아하다

すぐ	곧
すくない	적다
すくなくも	적어도
すごす	지내다, 살다
すし	초밥
すずしい	시원하다
すずめ	참새
すずめる	앞으로 보내다, 받들다, 바치다, 권하다
すそ	옷단, 옷자락, 산기슭
すだれ	발(簾)
すてる	내버리다, 방치하다
すな	모래
すばらしい	훌륭하다, 근사하다, 멋있다
すべて	전체, 전부
すべる	미끄러지다
すみ	구석, 귀퉁이
すむ	살다, 거처하다
すむ	끝나다, 마치다

それで すむと おもうか
그것으로 됐다고 생각 하느냐

すら	…조차도

けものすらおんをしる
짐승조차도 은혜를 안다

する	(느낌)일다, 나타나다, 하다

ぞっとする　소름이 끼치다
べんきょうする　공부하다

すわる	앉다

せ

せ	등(背)

せい	성(姓)
せい	키
せいいっぱい	정성껏, 힘껏
せいかく	성격
せいかつ	생활
せいじ	정치
せいしん	정신
せいせき	성적, 성과
せいたく	청탁, 부탁함
ぜいたく	사치
せいど	생도
せいめい	생명
せいりょく	세례
せかい	세계
せき	자리
せき	기침
せけん	세상
せっけん	비누
ぜったい	절대
せつない	마음이 괴롭고 참을수 없다, 간절하다

せつない こころ
간절한 마음

せつめい	설명
せなか	등, 등뒤
ぜひ	아무쪼록, 꼭
せまい	좁다
せまる	가까와지다, 다가오다
せみ	매미

せみのこえ　매미소리

せめて	억지로, 부득이 하면, 적어도
せめる	꾸짖다, 비난하다
せわ	돌보아 줌
せん	천(千)
ぜんかい	병이 완전히 나음
せんきょ	선거

せんげつ　　　전달, 지난달
ぜんこく　　　전국, 온나라
せんじつ　　　일전에, 전날
ぜんしゅう　　전주, 지난주
せんせい　　　선생
ぜんぜん　　　전연
せんそう　　　전생
せんたく　　　빨래
せんたく　　　선택
せんて　　　　남보다 먼저 손을 씀,
　　　　　　　선수
せんてをうつ
　　　　　　　선수를 치다.
せんでん　　　선전
せんばい　　　선배
ぜんぶ　　　　전부
せんもん　　　전문
せんもんか　　전문가

そ

そう　　　　　그와같이, 그처럼,
　　　　　　　그런가
　　そうする　그렇게 하다
ぞう　　　　　코끼리
そうこ　　　　창고
そうじ　　　　소제, 청소
そうして　　　그리하여, 그래서
そうだ　　　　―라고 한다,
　　　　　　　남에게서 들었다는 것
　　　　　　　을 나타내는 말
　　あるそうだ　있다고 한다
　　ありそうだ　있을 듯하다
そうだん　　　의논, 상의
そくする　　　부속하다,
　　　　　　　소속하다

ぞくぞく　　　계속, 잇달아
そこ　　　　　거기, 그것
　　　そこがおもしろいところだ
　　　　　　　거기가 재미있는 데다
そこ　　　　　밑바닥
そこそこ　　　거의, 그 정도의 상태
そこなし　　　끝이 없는 것
そこのけ　　　전문가가 따르지 못할
　　　　　　　정도로 훌륭한 것
そこら　　　　그 근방
そして　　　　그리하여, 그리고
そたち　　　　본바탕, 성장, 태생
そだてる　　　기르다, 키우다
そちら　　　　그쪽, 그곳
そっくり　　　그대로, 남김없이
そと　　　　　바깥
その　　　　　그
　　そのほん　그 책
そのうち　　　머지않아, 일간
そのまま　　　그전대로
そば　　　　　옆, 곁
そば　　　　　메밀
そめる　　　　물들이다
そら　　　　　하늘
それ　　　　　그, 그것
それくらい　　그정도
それだけ　　　그만큼
それぞれ　　　제각금
そろえる　　　갖추다, 정리하다
そろばん　　　주판
そんな　　　　그러한, 그런
　　そんなことはない
　　　　　　　그런 일은 없다.

た

たい　　　　　회망을 나타내는 말

ききたい　듣고싶다
たい　　　　　도미(생선)
だい　　　　　받침대
だしかく　　　대학
だいきん　　　대금(代金),
　　　　　　　물건값
たいし　　　　대사(大使)
だいし　　　　대사(台詞)
たいじ　　　　퇴치, 물리침, 없앰
だいじ　　　　큰일, 중대한 일
たいしょう　　대장, 두목
だいじん　　　대신(大臣)
だいせつ　　　중요함, 귀중함
たいそう　　　대단히, 매우, 굉장히
だいたい　　　대체, 대강
だいどころ　　부엌
たいふう　　　태풍
たいへん　　　대단히, 매우
だいべん　　　대변, 똥
たいよう　　　태양
たおれる　　　넘어지다, 쓰러지다
たかい　　　　높다, 비싸다
たがやす　　　(논, 밭)갈다
たから　　　　보배
だきあわせ　　잘 안팔리는 물건에
　　　　　　　얹어서 파는 것
たく　　　　　집
　　おたく　　귀댁
たくさん　　　많음, 충분
だけ　　　　　…만, 한도를 나타냄
たけ　　　　　대나무
　　たけのこ　죽순
たこ　　　　　연
たこ　　　　　문어, 낙지
たしか　　　　확실한 모양
だす　　　　　내어놓다,
　　　　　　　밖으로 나타내다
たずねる　　　찾다, 방문하다
たそがれ　　　황혼, 저녁때

ただ　　　　　공것, 무료, 거저
たたかい　　　싸움, 전쟁
たたく　　　　두들기다, 때리다
たたみ　　　　깔개
たちまち　　　갑자기, 곧, 금방
たつ　　　　　일어서다, 출발하다
たてる　　　　세우다
たとえば　　　예를들면, 예컨대
たね　　　　　씨, 종자
タバコ　　　　담배
たび　　　　　여행
たび　　　　　그때마다
　　みるたびに　볼때마다
たびたび　　　자주, 여러번
たぶん　　　　아주, 대개
たべもの　　　음식물
たべる　　　　먹다
たま　　　　　옥(玉), 구슬
たまご　　　　달걀
だまる　　　　말을 안하다
　　だまっている
　　　　　　　말을 안하고 가만히
　　　　　　　있다
だまる　　　　고이다
ため　　　　　까닭, 목적
　　いった ために
　　　　　　　갔기 때문에
だめ　　　　　쓸모없게 됨, 안됨
　　いっては だめだ
　　　　　　　가면 안된다
ためる　　　　모으다, 저축하다
たやすい　　　손쉽다
たより　　　　편지, 소식
　　たよりがない
　　　　　　　소식이 없다
たよる　　　　의지하다
たらい　　　　대야
だらけ　　　　투성이
　　ちだらけ 피투성이

だらし	단정함
だらしない	단정하지 못한
だれ	누구
だれが	누가
たんじよう	탄생, 태어남
たんじょうび	생일
たんぜん	단연, 단호히
だんたい	단체
だんだん	차차, 순서를 따라서
たんぼ	논, 논이 있는 들판
たんもの	옷감, 필목

ち

ち	피, 핏줄
ち	땅, 흙
ちい	지위
ちいさい	작다
ちいさいこども	작은아이
ちえ	지혜, 꾀
ちかい	가깝다
ちがい	틀림, 차이
ちがいない	틀림없다
ちがう	틀리다
ちかく	가까운
ちかくのいえ	가까운 집
ちかごろ	요사이
ちかづく	가까와지다
ちかよる	가까와가다
ちから	힘
ちきゅう	지구
ちくしょう	짐승, 사람답지못한 사람을 욕할 때 씀

ちこく	지각, 늦음
ちち	아버지
ちち	젖
ちぢむ	좁아지다
ちぢめる	좁게하다
ちほう	지방(地方)
ちゃ	차(茶)
ちゃわん	찻잔, 공기
ちゅうい	주의
ちゅうおう	중앙
ちゅうがっこう	중학교
ちゅうかん	중간
ちゅうしん	중심
ちゅうだい	중대함
ちゅうと	중도, 도중, 반
ちゅうもん	주문
ちょうだい	주십시오
よんで ちょうだい	읽어 주십시오
ちょうど	바로, 마침, 꼭
ちょうどにじ	정각 두시
ちょくせつ	직접
ちょちく	저축
ちょっと	약간, 조금
ちり	먼지, 쓰레기
ちり	지리(地理)
ちりがみ	휴지
ちりどり	쓰레받기
ちる	떨어지다(꽃잎등이)
ちんあつ	진압, 억누르다.
ちんか	진화, 불을 끔
ちんきゃく	진귀한 손님
ちんきん	임금, 품삯, 보수

つ

ついか	추가, 다시 더함
ついて	…에 관하여
ついで	적당한 때, 좋은 기회
ついでに	함께 겸하여, 하는김에
ついに	드디어, 끝내는
つうか	통화(通貨)
つうしん	통신
つうやく	통역
つかい	씀, 부림, 심부름
つかう	사용하다, 쓰다
つかむ	잡다, 쥐다
つかれ	피로
つかれる	지치다, 피로하다
つき	달
つぎ	다음
つく	붙다, 닿다
つくす	힘을 다하다, 끝까지 하다
つくる	만들다, 짓다
つける	붙이다, 닿게 하다, 담그다
つたえる	전하다
つち	흙
つち	망치
つづく	이어지다, 계속하다
つつしむ	삼가다
つつみ	싸는것, 싼물건
こづつみ	소포
つとめる	근무하다, 열심히 하다
つな	밧줄
つの	뿔
つば	침
つばめ	제비
つぶれる	눌려 깨어지다, 찌부러지다
つぼ	평(坪)
つぼみ	꽃봉오리

つま	아내
つみ	죄(罪)
つめ	손톱
つもり	…한 셈으로 치고
つよい	세다, 강하다
つらい	괴롭다, 고통스럽다
つり	낚시질, 소매치기
つれ	동무, 한패
つんぼ	귀머거리

て

て	손, 손목
て	한가지 일을 끝마치고 다음으로 옮길때 씀
あさおきて かおをあらう	아침에 일어나서 세수를 하다
で	그리고, 그래서, —을 사용해서, —때문에, —으로
きしゃでいく	기차로 가다
ていか	정가
ていきょう	제공, 바치다, 내놓음
ていど	정도
ていれ	솔직함
てき	적, 원수
できる	만들어지다, 할수있다
えいごができる	영어를 할 수 있다
てっきょう	철교
てっぽう	총
では	—하고는, —이면
これではこまる	이러면 곤란하다
でも	—지만, —이라도

でる　　　　안에서 밖으로 나가다,
　　　　　　물이 나오다, 출석,
　　　　　　출근하다
てんき　　　일기
でんき　　　전기
でんしゃ　　전차
でんしん　　전신(電信)
でんぼう　　전보(電報)
でんわ　　　전화

と

と　　　　　문, 입구
—という　　—라고 일컫다
どうか　　　아무쪼록, 제발
どうぐ　　　도구
どうして　　어떻게해서
どうぞ　　　제발, 청컨대
とうてい　　도저히,
　　　　　　아무리 하여도
とうとい　　귀하다, 거룩하다.
どうとく　　도덕
とうふ　　　두부
どうぶつ　　동물
どうろ　　　도로, 길
とおい　　　멀다
とおく　　　먼곳
　　とおくへいく
　　　　　　먼곳에 가다
とおり　　　큰 길
とかい　　　도회, 도시
とき　　　　때, 시간
ときどき　　그때 그때, 가끔
とくべつ　　특별
とけい　　　시계
ところ　　　장소

ところで　　그런데, 그건 그렇고
とし　　　　해, 나이
としより　　늙은이
どちら　　　어느쪽
とても　　　아무리해도, 도저히
とどける　　보내다, 신고하다
どなた　　　だれ (누구)의 높임말
となり　　　이웃
どの　　　　어느, 어느 것의
とぶ　　　　날으다
とまる　　　묵다, 숙박하다
とまる　　　멈추다, 서다
　　とけいがとまる
　　　　　　시계가 서다
とも　　　　친구, ともだち
とら　　　　호랑이
とり　　　　새
とる　　　　쥐다, 가지다, 잡다
どれほど　　어떻게 해서
どんどん　　힘차게 계속하는 모양
とんぼ　　　잠자리

な

な　　　　　이름
ない　　　　없다
ない　　　　동사에 붙어서 부정을
　　　　　　나타냄
　　きかない　듣지 않다
ないよう　　내용
なおす　　　바로잡다, 고치다
なおる　　　바르게 되다,
　　　　　　병이 완쾌되다
なか　　　　가운데, 안, 속
ながい　　　길다
なかなか　　많이, 꽤

なかなかむづかしい
꽤 어렵다
なかば　　　절반
ながめ　　　바라봄, 바라본 경치
ながめがいい
전망이 좋다.
ながら　　　…한채로,
…하면서
ながれる　　흐르다
なく　　　　울다
なぐさめ　　위로(慰勞)
なぐる　　　때리다
なげる　　　던지다
なさけ　　　정(情)
なだめる　　위로하다
なつ　　　　여름
なつかしい　옛일이 그립다
など　　　　등, 따위
ななめ　　　경사, 비스듬함
なに　　　　무엇, 어째서
なにも　　　무엇이나, 모두
なべ　　　　냄비
なみ　　　　파도, 물결
なみだ　　　눈물
なめる　　　핥다, 맛보다
なら　　　　그러면
ならいいけど
그렇다면 좋지만
ならう　　　배우다
ならない　　안된다
しなければならない
하지 않으면 안된다
ならぶ　　　줄을 짓다
なる　　　　성공하다,
…가 되다
なるべく　　되도록이면
なるほど　　과연, 정말
なれる　　　친해져서 따르다
なれる　　　익숙해지다

なん －　　　몇…, なんにん
몇사람
なんでも　　무엇이나, 모두
なんとか　　어떻게든
なんとも　　정말, 아주,
무어라고
なんともいえない
뭐라 말할 수 없다
なんにも　　아무일도, 아무것도
なんにもならない
아무일도 안된다

に

に　　　　　둘
におい　　　냄새
にかい　　　이층
にぎやか　　번화한 모양
にぎる　　　쥐다, 잡다
にく　　　　살(肉)
にくい　　　밉다
にごる　　　흐리다
にし　　　　서쪽
にちよう　　일요일
＝にちようび
にばん　　　두번째 にばんめ
にもつ　　　짐
にゅうがく　입학
にらむ　　　성난눈으로 보다
노려보다, 흘겨보다
にわ　　　　뜰

ぬ

ぬう　　　　바느질하다, 수놓다
ぬぐ　　　　벗다(옷)

ぬける　　빠져나가다
ぬずむ　　훔치다
ぬる　　칠하다
ぬれる　　젖다

ね

ね　　뿌리
ねがい　　소원
　　おねがいします
　　　부탁합니다
ねぎる　　값을 깎다
ねこ　　고양이
ねつ　　열(熱)
ねっしん　　열심
ねむる　　잠들다
ねらう　　겨누다
ねる　　자다
ねんれい　　나이, 연령

の

のうか　　농가
のうみん　　농민
のこす　　남게하다
のこり　　남은것
のこる　　남다
のぞく　　들여다보다
のぞみ　　희망
のち　　미래, 후에
のど　　목구멍
のに　　…한테
のぼる　　올라가다
のむ　　마시다
　　のみもの　음료, 마실것

のり　　김
のる　　타다, 오르다

は

は　　잎　きのは　나뭇잎
は　　이(歯)
ばあい　　경우
はい　　네
はいゆう　　배우
はいる　　들다, 들어가다
はえ　　파리
ばか　　바보
はがき　　엽서
ばかり　　…만, 한정, 정도를
　　　나타냄
　　おなじことばかりいう
　　　같은 말만하다
はぐるま　　톱니바퀴
はげしい　　과격하다, 심하다,
　　　맹렬하다
はこ　　상자
はこぶ　　나르다, 운반하다.
はさみ　　가위
はし　　젓가락
はし　　다리
はしら　　기둥
はしる　　달리다
はた　　기, 깃발
はたらく　　일을 하다
はち　　벌(蜂)
はちがつ　　八월
はつおん　　발음
はな　　꽃
はな　　코
はなし　　이야기
はなす　　이야기하다

はなれる	떨어지다
はね	새털, 날개
はば	폭, 넓이
はめる	끼우다
はやく	빨리
はら	배(腹)
はらう	털어버리다
はり	바늘
はれ	하늘이 개는 것
はんがち	손수건
ばん	저녁때, 밤
はんぶん	반, 반조각

ひ	불
ひ	태양
ひえる	차가와지다
ひがし	동쪽
ひかり	빛
ひく	끌어당기다.
ひげ	수염
ひこうき	비행기
ひしょ	피서
ひしょ	비서(秘書)
ひそか	남모르게, ひそかに―
ひだり	왼편
びっくり	깜짝 놀라
ひと	사람
ひどい	지독하다
ひとつ	하나
ひとばん	밤새
ひとり	홀로, 혼자
ひびく	울려퍼지다
ひふ	피부, 살갗
ひま	사이, 시간

ひまがない	틈이 없다
ひみつ	비밀
ひも	끈
ひもじい	시장하다
ひゃくしょう	백성
ひゃくまん	백만
びょうき	병(病)
ひよこ	병아리
ひらく	열다
ひらめく	번쩍이다, 번쩍하다
ひる	낮
ひろい	넓다
ひろう	떨어진 것을 줍다
ひんし	품사(品詞)
びん	병
びんぼう	가난함

ぶあん	불안, 마음이 편하지 않음
ふうそく	풍속
ぶうとう	봉투
ふうふ	부부
ふかい	깊다
ふく	(바람)이 불다
ふく	씻다, 닦다
ふくざつ	복잡
ふくろ	봉지, 자루
ぶじ	무사함, 변한것이 없음
ふしゃ	부자, 재산이 많은 사람
ふじん	부인, 여자
ふすま	미닫이, 장지
ふせぐ	방어하다, 지키다
ふそく	부족
ふだ	뚜껑, 덮개
ぶた	돼지

ふたつ	둘
ふたり	두사람
ふつう	보통(普通)
ふで	붓
ふところ	옷의 안자락
ふとん	이부자리
ふむ	밟다
ふゆ	겨울
ふりかえる	뒤를 돌아다보다
ふる	혼들다
ふるい	오래되다, 낡다
ふるいくつ	헌 구두
ふろ	목욕통
ふろば	목욕탕
ふろや	
	영업으로하는 목욕탕
ぶんか	문화(文化)
ぶんかん	문관
ぶんぽう	문법(文法)

へ

へいき	태연함
へいわ	평화
へいし	병사(兵士)
へいぜん	태연한 모양
へいそ	평소, 보통때
へた	솜씨가 서투름
へだてる	사이에 두다
べつ	딴, 다름
べつのへや	딴 방
へる	줄다
べんぎ	편의(便宜)
べんきょう	공부
べんしょう	변상
べんり	편리

ほ

ほう	방위, 편
ひがしのほう	동쪽
きみのほうがただしい	
	네 편이 옳다
ぼうう	소낙비(暴雨)
	세차게 내리는 비
ほうき	비
ぼうし	모자
ほうそう	방송
ほうたい	붕대
ぼうふう	폭풍
ほうぼう	여기저기, 여러곳
ほお	뺨, 볼
ほがらか	명랑한 모양
ぼく	나, 남자가 자기를
	말할 때 씀
ほし	별
ほしい	탐나다, 갖고 싶다
みずがほしい	
	물이 마시고 싶다.
ほそい	가늘다
ほど	정도, 분수
ほとけ	부처, 불상
ほね	뼈
ほぼ	대개, 대체로
ほめる	칭찬하다
ほる	땅을 파다
ほん	책
ほんしゅう	일본열도의 가장 큰 섬
ほんとう	진실, 정말

ま

まあ	우선, 자아, 놀람, 감탄 등에 씀
まいげつ	매달
まいじかん	매시간, 한시간마다
まいあさ	매일아침
まいしゅう	매주
まいとし	해마다
まいねん	매년
まいばん	매일저녁
まえ	앞, 정면
まえへでる	앞으로 나가다
まがる	구부러지다
こしがまがる	허리가 굽다
まく	말다
ねじをまく	나사를 틀다
まくら	베개
まぐれ	우연, 요행
まぐれあたり	우연히 맞는 일
あける	지다, 패하다
まご	손자
まさか	설마, 그렇다해도
まさかのばあい	만일의 경우
まさる	더낫다, 가능하다
まじめ	진정, 성실함
まじめなひと	성실한 사람
ふまじめ	성실치 못함
まじわる	어울리다, 사귀다
まずい	맛이 없다, 서투르다
ますます	점점, 더욱더
まぜる	섞다
また	또
まだ	아직
まち	시내, 동네

まちがい	틀린것
まちまち	한결같지 않은 모양
まつ	소나무, まつのき
まつ	기다리다
まっさき	맨 앞, 맨 먼저
まっち	성냥
まつり	제사, 제전=おまつり
まで	…까지
とうきょうまでいく	도오꼬오까지 가다
まど	창, 창문
まね	흉내
まま	그냥, 되는대로인 것
あるがまま	있는 그대로
まめ	콩
まゆ	눈섭
まる	둥근모양
まるい	둥글다
まわす	빙글빙글 돌리다
まわり	둘레, 주위
まわる	빙글빙글 돌다
まんいち	만일
まんぞく	만족
まんなか	한가운데

み

み	몸
みにつける	몸에 지니다
みあげる	쳐다보다, 우러러보다
みえる	보이다
みがく	닦다, 곱게 꾸미다
みず	물
みせじめ	본보기로 징계함

みせしめのため	
	본을 보이기 위해
みそ	된장
みぞ	수채, 개천
みそか	그달의 끝날, 그믐
みた	보았다
みだれる	어지럽다, 문란하다
みち	길
みっか	초사흘, 삼일간
みっともない	보기싫다, 흉하다
みな	모두, 일동
みなみ	남쪽
みにくい	보기가 나쁘다
みまい	문안＝おみまい
みみ	귀(耳)
みやこ	수도, 서울, 도시
みらい	미래(未來)
みる	보다

む

むかい	마주봄, 맞은 쪽
むかいのいえ	앞집
むかし	옛날
むぎ	보리
むこう	저쪽, 정면
むし	벌레
むしろ	자리, 짚멍석, 거적
むしろ	차라리, 오히려
むずかしい	알기 어렵다, 곤란하다
むずかしいほん	어려운 책
むすめ	딸, 처녀
むだ	쓸데없음, 보람없음
むだばなし	쓸데없는 얘기

むね	가슴
むら	촌, 마을
むらさき	자주빛

め

め	눈(目)
めいし	명함
めいしょ	명소, 유명한 관광지
めいよ	명예
めいわく	귀찮음, 괴로움
めいわくをかける	괴로움을 끼치다
めくら	장님
めざましい	눈부시다
めしあがる	먹다(くう)의 높임
めずらしい	드물다, 회귀하다
めでたい	축하할만하다
めでたいしんねん	경사스러운 새해
めんどり	날짐승의 암컷, 암탉

も

もう	벌써, 이미
もうはるた	벌써 봄이다
もうしこむ	신청하다
もえる	불붙다, 불타듯하다
もくてき	목적
もし	만약에, 어쩌면
もち	떡
もつ	가지다, 유지하다
もと	근본, 시작, 원인

もの	물건
じぶんのもの	내것
…をたべる	…을 먹다
もはや	벌써, 이미
もみじ	단풍
もも	복숭아
もものはな	복숭아 꽃
もらう	얻다
よめをもらう	
	아내(며느리)를 얻다
もん	문(門)
もんだい	문제
もんめ	돈중(무게의 단위)

や

やがて	곧, 얼마안되어
やかましい	시끄럽다
やく	타다
やくそく	약속
やさしい	쉽다
やさしい	정답고 부드럽다
やすい	손쉽다, 간단하다
	값이 싸다
やすみ	휴일, 휴가
やっつ	여덟
やっかい	신세, 귀찮은 일
やっかいになる	신세를 지다
やなぎ	버들
やね	지붕
やぶる	부수다, 깨다
やま	산
やまい	병=びょうき
やや	약간, 얼마쯤
やる	주다
やわらかい	부드럽다

ゆ

ゆ	더운물, 온천, 목욕탕
ゆうがく	유학
ゆうがた	저녁때
ゆうき	용기
ゆうびんきょく	우체국
ゆうべ	어제밤
ゆうめい	유명
ゆかい	유쾌, 즐겁고 기분좋음
ゆき	눈(雪)
ゆく	가다=いく
ゆび	손가락
ゆめ	꿈
ゆるす	용서하다, 승인하다

よ

よい	좋다, 착하다
よいおこない	
	착한 행동
ようか	팔일
ようだ	…와 같다
しらないようだ	
	모르는 모양이다
ような	예로들어 이르는 말
ねこやいぬのような	
どうぶつ	
	고양이나 개와 같은 동물
ように	…처럼
ようやく	겨우
よこ	가로
よそ	다른곳
よっか	초나흘
よぶ	부르다

よほど	꽤, 상당히
よむ	읽다
よめ	며느리, 아들의 처
よめる	읽을 수 있다
よる	밤
よろこび	즐거움
よろしい	좋다＝いい
よわい	약하다, 튼튼하지 못함
よわむし	겁장이, 나약한 사람
よんじゅう	사십(四十)

ら

らいげつ	내달, 다음달
らいしゅう	내주, 다음주
らいしゅん	내년 봄, 명춘(明春)
らいねん	내년
らんぴつ	마구 갈겨 씀

り

りく	뭍
りこう	영리함
りこうなこども	영리한 어린이
りゅうこう	유행
りよう	이용
りょうて	양손
りょうてにはな	두손에 꽃
りんご	사과

る

るす	외출, 여행
しゅじんはるすです	주인은 외출중입니다

れ

れい	예의 (禮儀)
れいをつくす	예의를 다하다
れい	보기 (例)
れいぎ	예의
れきし	역사
れんあい	사랑, 연애
れんしゅう	연습
れんらく	연락

ろ

ろうしん	늙은 부모
ろうじん	노인 (老人)
ろうそく	양초
ろうどう	노동
ろくがつ	유월
ろくじゅう	육십
ろば	당나귀

わ

わかい	젊다
わかれ	헤어짐, 이별
わかれる	헤어지다

わく	물이 끓다
わけ	의미, 이유
わけがわからない	이유를 모르겠다
わける	나누다, 구분하다
みんなでわける	다같이 나누다
わざわざ	일부러, 특별히
わすれる	잊다
わた	솜
わたくし	나
わたし	나
わたる	건너다
わらう	웃다
わる	나누다, 쪼개다
わるい	나쁘다
われる	깨어지다, 갈라지다

기초 일본어 회화

2025년 11월 25일 재판인쇄
2025년 11월 30일 재판발행

지은이｜편 집 부
펴낸이｜최 원 준

펴낸곳｜태 을 출 판 사
서울특별시 중구 다산로 38길 59(동아빌딩내)
등 록｜1973. 1. 10(제1-10호)

■ 주문 및 연락처
우편번호 0 4 5 8 4
서울특별시 중구 다산로 38길 59(동아빌딩내)
전화 : (02)2237-5577　팩스 : (02)2233-6166

ISBN 978-89-493-0705-3　　13730